Der Innovationscode

Michael B. Krause · Winfried Mayer

Der Innovationscode

Von der Idee zum erfolgreichen Business

Michael B. Krause
Und Cologne Business School (CBS/
Dozent)
Kunststoff-Institut Lüdenscheid
Lüdenscheid, Deutschland

Winfried Mayer
Winfried Mayer GmbH
ProKommunikation
Rösrath, Deutschland

ISBN 978-3-658-41768-0   ISBN 978-3-658-41769-7   (eBook)
https://doi.org/10.1007/978-3-658-41769-7

Die Deutsche Nationalbibliothek verzeichnet diese Publikation in der Deutschen Nationalbiblio-grafie; detaillierte bibliografische Daten sind im Internet über http://dnb.d-nb.de abrufbar.

© Der/die Herausgeber bzw. der/die Autor(en), exklusiv lizenziert an Springer Fachmedien Wiesbaden GmbH, ein Teil von Springer Nature 2023

Planung/Lektorat: Claudia Rosenbaum
Springer Gabler ist ein Imprint der eingetragenen Gesellschaft Springer Fachmedien Wiesbaden GmbH und ist ein Teil von Springer Nature.
Die Anschrift der Gesellschaft ist: Abraham-Lincoln-Str. 46, 65189 Wiesbaden, Germany

Vorwort

Innovation made easy?
Innovationen – über kaum ein Buzzword wurde in der letzten Zeit so viel geschrieben. Egal ob Bücher, Sammelbände, Blogbeiträge, Snippets oder andere Formate: In der Regel geht es am um die Frage „wie werde und bleibe ich innovativ". Oberflächlich betrachtet scheint es uns allen bewusst zu sein, dass „Innovationen" eine hohe strategische Bedeutung für den aktuellen und zukünftigen (unternehmerischen) Erfolg haben. Gerade angesichts der aktuellen politischen und wirtschaftlichen Herausforderungen und angesichts des dreifachen Transformationsdrucks, dem wir als Gesellschaft ausgesetzt sind (Digitalisierung, Dekarbonisierung, Resilienz) kommen Innovationen, zur Bewältigung der Herausforderungen, eine besondere Bedeutung zu.

Die ist längst auch „der Wirtschaft" und „den Unternehmen" klar: Zwar begegnen einen in persönlichen Gesprächen mit Unternehmen immer noch vereinzelt Sätze wie „in meiner Branche spielen Innovationen keine Rolle", „wir müssen nicht innovativ" sein, doch sind derartige Äußerungen – zum Glück – eher zur Ausnahme als zur Regel geworden. Doch abseits dieser Lippenbekenntnisse und Allgemeinplätze stellt sich die Realität doch komplexer dar. Auch wenn es eine Art grundsätzliches Verständnis dafür zu geben schein, dass „Innovationen irgendwie schon wichtig" sind, so trifft man in der ökonomischen Wirklichkeit auf eine Reihe von Herausforderungen, Missverständnisse und Fehlinterpretationen.

Schon bei der Definition, bzw. einem gemeinsamen Verständnis, von Innovationen fangen die Probleme an. Viele fundierte und wertvolle Beiträge haben hier unser Verständnis dafür geschärft, warum bestimmte Regionen oder Länder erfolgreicher sind als andere (in Bezug auf die Förderung von Innovationen, bzw. der Rahmenbedingungen die Innovationen begünstigen), oder welche Instrumente angewandt werden können/sollten, um Innovationsumgebungen zu erschaffen. An dieser Stelle wollen wir nicht auf die akademisch geführte Debatte rund um die Begrifflichkeit „Innovation" eingehen. Selbst hier werden viele Scheindebatten, zum Teil ideologisch geprägte Schaukämpfe und selbstreferenzielle Debatten geführt. Angefangen von der Frage, wie sich Innovationen abgrenzen lassen (z. B. zu „Ideen", „Forschung", etc.), bis hin zu einer Taxonomie von Innovationen. Daher erscheint es mir wichtig klar zu definieren, worum es in diesem Buch geht, wenn von Innovationen gesprochen wird, bzw. davon von der „Idee zur Innovation" zu kommen. Innovationen entfalten ihre Relevanz und Berechtigung durch Wirkung.

Die o. g. eher ordnungspolitischen oder strukturpolitischen Erkenntnisse sind interessant, doch wird hier in diesem Buch – das zeichnet es aus und hebt es positiv ab – das Ziel verfolgt Ihnen konkret und hands-on Wissen, Tipps und Doings mitzugeben, die Sie als erfolgreiche Unternehmerin unmittelbar und direkt nutzen können. Dafür arbeitet das Buch auch mit einer Definition von Innovation, die einen klaren Anwendungsbezug hat, die ich teile:

Im engeren Sinne resultieren Innovationen erst dann aus (neuen) Ideen, wenn diese in neue Lösungen, Produkte, Dienstleistungen oder Verfahren umgesetzt werden, die tatsächlich erfolgreiche Anwendung finden, den Markt durchdringen oder nachweisbare ökonomische, ökologische oder soziale Verbesserungen herbeiführen.

Diese Kombination aus Neuartigkeit und Wirkung ist es, die Innovationen so faszinierend, aber auch schwer zu greifen macht. Denn ob eine Idee Wirkung erzielt, sich am Markt durchsetzt, unsere Leben verbessert, zeigt sich in der Regel erst ex post. Im Stadium der Ideenfindung, Generierung und Entwicklung ist der Ausgang ungewiss, eine Verbreitung und Akzeptanz nicht garantiert. Aufgrund dieses Umstandes sind Innovationen auch unternehmerisch immer risikobehaftet, eine Innovation ohne Risiko ist weder möglich noch wünschenswert. Im Prozess der Entwicklung lässt sich das Risiko minimieren und ggf. sogar valide einschätzen, jedoch nie ganz ausschalten. Gleichsam sind Innovationen ein Prozess der schöpferischen Zerstörung (frei nach Schumpeter): Sie sind eine konstante Herausforderung für das Bestehende, ein Aufruf zum inkrementellen oder disruptiven Wandel mit ungewissem Ausgang, aber möglichen gravierenden Auswirkungen. Gerade die Bewertung der potenziellen Wirkung von Innovationen ex-ante ist enorm herausfordernd. Sinnbildlich hierfür steht die Diskussion um eine verstärkte Förderung von Sprunginnovationen, oder auch disruptiven Innovationen. Die oftmals verwendete und doch recht vage Definition, oder besser Abgrenzung, von Sprunginnovationen macht dies deutlich: Disruptive Innovationen oder

Sprunginnovationen sollen („so die Essenz der gängigsten Definitionen") idealiter verschiedene Dimensionen miteinander in Einklang bringen. So sollen sie etwas grundsätzlich Neues schaffen (keine „reinen" inkrementellen Verbesserungen bestehender Prozesse, Technologien, Verfahren oder sozialer Bedingungen) und gleichzeitig einen hohen sozialen, wirtschaftlichen und/oder ökologischen Impact (im Sinne einer wünschenswerten Wirkung) entfalten.

Sie merken: Allein schon die Beschäftigung mit Innovationen ist herausfordernd. Kein Wunder das gerade viele Mittelständler hier – auch aufgrund mangelnder Kapazitäten und dem fordernden Alltagsgeschäft – die Segel streichen.

Umso wichtiger, dass es Bücher wie dieses gibt: Die dieses komplexe Thema herunterbrechen, verdaulich machen und konkrete Lösungen und Wege aufzeigen. Nicht abgehobene Scheindebatten, sondern gespeist aus Wissen und Erfahrungen der unternehmerischen Wirklichkeit. Ein Buch für Macherinnen und Macher.

Damit leistet dieses Werk einen wichtigen Beitrag zur Stärkung der Innovationskraft unserer Wirtschaft.

Jan-Frederik Kremer
Geschäftsführer bei der AiF
Arbeitsgemeinschaft industrieller
Forschungsvereinigungen „Otto von
Guericke" e. V., Gründer des AiF
InnovatorsNet

Inhaltsverzeichnis

Abbildungsverzeichnis

Einleitung

Keine prosperierende Wirtschaft und kein zukunftsgerichtetes Unternehmen kann es sich leisten auf Innovationen zu verzichten. Der technische und auch der rasche Wandel von Basiskriterien und Rahmenbedingungen führen geradezu in eine Verpflichtung zur Innovation.

Die Autoren dieses Buches beschäftigen sich seit vielen Jahren mit Innovations-, Change- und Prozessmanagement und haben sich aus unterschiedlichen Sichtweisen dem Thema genähert.

Innovation ist immer eine Sache der Unternehmens- und Führungskultur, sie ist aber auch abhängig von unternehmerischen und politischen Rahmenbedingungen.

Dieses Buch beschäftigt sich mit allen drei Sichten, so das der Titel „Innovationscode" für den Leser als Hinweis und Zugangswegweiser zu einer geeigneten Vorgehensweise führt.

Sowohl die praktische Durchführung von Innovationsprozesse als auch die Sicht auf Förderungsmaßnahmen und die Branchenorientierung in sich anbietenden Netzwerkverbindung werden hier ausführlich behandelt.

Dabei weisen wir Autoren ausdrücklich darauf hin, dass Innovation immer ein auf Unternehmen, Rahmenbedingungen und Menschen bezogener, einzigartiger Prozess ist.

Dieses Buch will somit als Hilfe zur Selbsthilfe verstanden werden und Anregungen und Empfehlungen geben. Aber eine wesentliche Erkenntnis ist für uns dabei, den eigenen, richtigen Weg zu finden.

Dabei ist der Satz Programm:

▶ Bei richtigem Ansatz steht dem Ideenreichtum der Menschen nichts im Wege.

M. B. Krause and W. Mayer, *Der Innovationscode*, https://doi.org/10.1007/978-3-658-41769-7_1

Innovation und Führung

2

2.1 Was bedeutet Entrepreneurship?

Entrepreneurship ist ein Begriff, der in vielen Reden, Aussagen und Texten auftaucht, aber wird er auch immer gleich verstanden und interpretiert?

Ich starte hier mal einen Versuch, um gemeinsames Verständnis zu erzeugen.

Zunächst wird der Begriff Entrepreneur in den Nachschlagewerken wie folgt gedeutet:

▶   Entrepreneur = Unternehmer

Etwas enttäuschend, aber aus dem Französischen übersetzt korrekt („entre" und „prendre"), also Eingang nehmen. Etwas weiter gefasst auch als Gründer und Eigentümer benannt. Aber ist es das, was wir meinen, wenn wir vom Entrepreneur sprechen?

Es ist höchst unwahrscheinlich, dass wir hier alle Unternehmer meinen. Ich glaube hier eher, dass es sich um eine Wort-Verschiebung handelt. Den Begriff um ein kleines „ship" erweitert, als Entrepreneurship erzeugt etwas anderes:

▶   to ship = transportieren

Das verbindet den Unternehmer mit einem, der Unternehmertum transportiert. Damit kommen wir der modernen Bedeutung des Wortes „Entrepreneurship" schon etwas näher.

Im Zeitalter der 4.0-Welt genügt es, nicht nur ein Unternehmen zu gründen oder zu besitzen. Das gab es zu allen Zeiten und mit sehr unterschiedlichen Erfolgen und Qualitäten.

© Der/die Autor(en), exklusiv lizenziert an Springer Fachmedien Wiesbaden GmbH, ein Teil von Springer Nature 2023
M. B. Krause and W. Mayer, *Der Innovationscode*,
https://doi.org/10.1007/978-3-658-41769-7_2

Es kommt vor allem darauf an Neues zu entwickeln. Das gilt für neue Ideen, Produkte, neues Führen, neues Fertigen und auch neues Vertreiben. Vor allem aber geht es um eine neue Kultur, es geht darum Mitarbeitern die Verantwortung und die Begeisterung für unternehmerisches Denken und Handeln nahe zu bringen und damit ein Unternehmen auf allen Ebenen zum Mitdenken zu animieren, um so einen lernenden Organismus zu entwickeln.

Entrepreneurship, wie ich es verstehe, geht davon aus, dass der Entrepreneur etwas in das Unternehmen hineinträgt (transportiert) was nachhaltig wirkt, sich positiv verselbständigt und durch Verbundenheit mit dem Unternehmen durchlässig transportiert wird. Ein Entrepreneur bewegt das Unternehmen in einem vorgedachten Sinn und prägt das unternehmerische Geschehen nachhaltig.

Dabei kommt es nicht auf neue Ideen oder umwälzende Verfahren an, es geht dabei schlicht um den Erfolg des Unternehmens und um die Ausrichtung aller Beteiligten auf gemeinsame Ziele.

In diesem Sinne ist ein Entrepreneur, wer es schafft alle Beteiligten mitzunehmen, bei der Verfolgung von gemeinsamen Visionen, der Ausrichtung auf gemeinsame Ziele und der Umsetzung von verteilten Aufgaben.

Ein Entrepreneur-geführtes Unternehmen zeichnet sich durch eine breitgefächerte Verantwortungsbereitschaft und eine teamorientierte Aufgabenteilung aus.

Beispiel

Um hier keine Indiskretion zu betreiben, nenne ich das Unternehmen „Apparatebau GmbH" und auch die Nahmen der Akteure sind erfunden, obwohl das Beispiel der Realität entstammt.

Die Apparatebau GmbH wurde bis vor einem Jahr vom Senior und Gründer des Unternehmens sehr erfolgreich geführt und im Laufe von 32 Jahren zu einem gesunden mittelständischen Apparatebau-Unternehmen mit jetzt ca. 160 Mitarbeitenden entwickelt.

Vor einem Jahr übergab Fritz Keller dann seine Geschäftsführung mit viel Tamtam und einem Betriebsfest als Rahmen seinem Sohn Alexander. Nicht ohne sich als begleitenden Berater und weiter in seinem Chefbüro zur ständigen Anlaufstelle für Jedermann auszurufen.

Alexander Keller hatte seinem Vater von diesem Konstrukt abgeraten, aber letztlich aus Respekt vor dem Lebenswerk seines Vaters eingelenkt und mitgespielt.

Nun waren Sie ein Jahr weiter und natürlich auch schlauer.

Vater und Sohn betrachteten die deutlich verschlechterten Jahreszahlen und gingen durchaus sachlich und professionell in dem folgenden Gespräch miteinander um.

Fritz Keller hatte selbst in diesem Jahr gemerkt, wie sehr er ungewollt seinem Sohn im Wege gestanden hat. Die meisten seiner langjährigen Mitarbeiter*innen und vor allem die Führungskräfte, die ja mit ihm das Unternehmen aufgebaut hatten, suchten ständig seinen Rat und auch seine Anweisungen. Oft gingen dann die Dinge durcheinander, weil Alexander und er sich aus Ärger oder Gedankenlosigkeit nicht miteinander verständigten.◄

Diese Art der nicht gewollten, aber auch nicht funktionierenden Doppelspitze führte in einigen Fällen zu argen Turbulenzen und auch zu direkten Verlusten.

Sparen wir uns hier das intensive, aber auch konstruktive Gespräch zwischen Vater und Sohn, denn hier geht es um ein Beispiel von gelebtem und praktisch umgesetztem Entrepreneurship.

Das waren jetzt die beschlossenen Schritte, deren Umsetzung auch umgehend eingeleitet wurden:

(1) Auf einem erneuten Betriebsfest wurde der Senior von der Belegschaft, seinem Sohn und durch sich selbst aus jeder praktischen Mitwirkung mit viel Dank für Vergangenes verabschiedet.

(2) Es gab kurz darauf einen 2-tägigen Strategieworkshop mit der obersten Führungsebene unter Leitung eines externen Moderators und Unternehmensberaters. Zielsetzung war die Erarbeitung eines Kommunikationscodexes für die Führungsebene und ein Ablaufplan für die weitere Entwicklung des Unternehmens. Aus diesem Plan heraus folgte dann:

(3) Ein geführter Workshop mit insgesamt 24 Teilnehmer*innen. Veranstaltet in einem Seminarhotel und Start an einem Freitag ab 15:00 Uhr und Ende am Sonntag nach einem gemeinsamen Essen um 14:00 Uhr.

Es begann mit einer Einführung durch Alexander Keller, der seine Vorstellung der Zukunft für das Unternehmen mit Begeisterung und viel Motivation ausführte.

Danach ging es in wechselnde Kleingruppen, die nach einem vorgegebenen Schema an der Entwicklung eines praxisbezogenen Leitfadens für die zukünftige Zusammenarbeit arbeiteten.

Zusätzlich wurde auch noch ein Plan für die Umsetzung ins gesamte Unternehmen erarbeitet. Diesem Plan wurde dann recht zügig in den nächsten Monaten entsprochen.

(4) In allen Organisationseinheiten wurden dann halbtägige Workshops durch-
    geführt, um vier Dinge zu klären:
    • Was bedeutet die jeweilige Aussage des Leitfadens für uns in unsere
      Organisationseinheit?
    • Was fehlt uns, um dem Leitfaden zu genügen?
    • Welche Hilfe benötigen wir für die Umsetzung?
    • Was können wir direkt selbst in Angriff nehmen?
(5) In einem kleinen Zentralteam unter Mitwirkung von Alexander Keller wur-
    den die Ergebnisse aller ca. 24 Gap-Workshops ausgewertet und da, wo es
    möglich war, mit Maßnahmen unterlegt den Beteiligten zurückgespielt.
    Alle nicht direkt umsetzbaren Ideen wurden dabei als offene Punkte
    behandelt.
(6) Die 5 Personen des Führungsteams trafen sich täglich zu einem kurzen
    ca. 15 min dauernden Stand-up in der Kaffeeküche. Hier ging es um
    ad-hoc-Informationen für den Tag und evtl. auch um neue Ideen und
    Vorhaben.
(7) Alexander Keller war mindestens einmal in der Woche zu Kurzgesprächen
    in jeder Organisationseinheit.
(8) Trotz enger Personaldecke definierte er ein Dreierteam als Entwicklungs-
    mannschaft mit weitreichenden Kompetenzen und dem direkten Draht zu
    ihm als Entscheider.
(9) Nach einem halben Jahr war erster „Kassensturz" und Erfassung von Aufga-
    ben in allen Organisationseinheiten, der genau wie unter Punkt 5 behandelt
    wurde.
    Diese Reviews wollten sie dann jährlich weiter durchführen.
(10) Zusätzlich wurde ein Führungs- und Cockpitsystem im Unternehmen ein-
    geführt, was den Mitarbeitenden viel mehr Freiheiten einräumt und der
    Führungsspitze Klarheit über den Stand von Projekten und Aufgaben liefert.

In der Nachbetrachtung dieser Vorgehensweise war das Unternehmen sehr
erfolgreich und motiviert aufgestellt.

Alexander Keller hatte es geschafft, alle Mitarbeiter*innen der Belegschaft zu
erreichen, und von sich und vor allem vom Unternehmen zu überzeugen.

Auch das Führungsteam hatte sich nicht zuletzt auch durch geeignete Nach-
folgen als Team entwickelt und im gesamten Unternehmen herrscht eine offene
Kommunikation und eine sehr konstruktive Fehlerkultur.

Die Frage ist nicht mehr wer war das, sondern wie können wir das in der
Zukunft vermeiden und welchen Veränderungsschritt müssen wir dafür gehen?

Eine der wichtigsten Voraussetzung für eine positive Unternehmensentwicklung.

Um das Unternehmen „Apparatebau GmbH" und seinen Geschäftsführer Alexander Keller braucht man sich, was die Zukunft angeht keine Sorgen zu machen, solange der eigeschlagene Weg weiterentwickelt und verfolgt wird.

2.1.1 Innovation verstehen

Auch Innovation ist so ein Überschwemmungsbegriff, der in allen Problem- und Entwicklungslagen benutzt und teilweise auch missbraucht wird.

► **Innovation** „Neuerung", „Erneuerung"; lat. innovare: erneuern

Innovation wird im allgemeinen Verständnis als Synonym für etwas Neues oder grundlegend Erneuertes verwendet.

Dabei stehen Wirtschaftlichkeit, Fertigungs- und Produktionsverfahren aber auch menschliches Handeln als Veränderungsfelder zur Verfügung.

Es geht dabei auch um das Abschaffen von wenig erfolgreichen Verfahren, Handlungen oder auch Gewohnheiten und von eingefahrenen nicht mehr tragbaren Wegen.

Innovation, egal in welchem Zusammenhang verwendet, weist zunächst mal auf neue Wege, Ideen, Verfahren etc. hin. Aber „neu" an sich ist ja kein Wert, daher gehört zur Innovation eine weitere wichtige Komponente hinzu, nämlich der Erfolg.

Ist etwas „Neues" von Erfolg gekrönt, sprechen wir gerne von Innovation, ist das Neue eher eine Pleite oder eine sogenannte Luftnummer, würden wir nicht von Innovation, sondern eher von Pleite oder „Holzweg" reden.

Das tragische an diesen Definitionen ist jedoch die Tatsache, dass ein Ergebnis erst am Ende einer Periode des Schaffens beurteilt werden kann.

Innovatives Denken und Handeln findet also in der Ungewissheit, oder positiv betrachtet in einer Phase der Hoffnung auf Erfolg oder Misserfolg statt.

Eine weitere Tragik ist die Tatsache, dass zu frühe Skepsis zum Versagen oder zum Abwürgen einer innovativen Idee führen kann. Was bedeutet das jetzt für die praktische Arbeit an der Innovation eines Unternehmens. Es braucht eine stabile und vorwärts gerichtete Stimmung und Einstellung aller am Prozess Beteiligten, um innovatives Wirken anzustoßen und über eine längere Stecke aufrecht zu erhalten.

Vor allem braucht es Zuversicht und Vertrauen in handelnde Personen.

Dies sind unter anderem Voraussetzungen, um in einem Unternehmen innovative Wege einzuschlagen:

- Vertrauen in die handelnden Personen
- Zuversicht bezüglich der zu behandelnden Ideen
- Widerstände beseitigen oder neutralisieren
- Ein offenes Denken erarbeiten
- Gedanken und Einfälle finalisieren (auch rechtzeitiges Abbrechen ist ein gutes Finale)
- Auf Randbedingungen achten
- Zufälle mit einbeziehen
- Beharrlichkeit an den Tag legen
- Beratung und fremde Ideen zulassen
- Auch scheinbar verrückte Wege gehen

Ein innovativer Prozess kann in die nachfolgenden Schritte eingeteilt werden, dabei ist streng darauf zu achten, ob sich der Prozess in einer Arbeits-/Innovationsphase oder in einer Entscheidungsphase befindet.

Jede Entscheidungsphase befindet darüber, ob das Problem auf diese Weise weiterbearbeitet werden soll. Hier kann auf Abbruch oder aber auf Neuanfang bzw. Rücksprung entschieden werden (Abb. 2.1).

Innovatives Denken wird auch als ein Prozess des entwickelnden Denkens (Design Thinking) betrachtet (Abb. 2.2).

Dabei empfehlen viele Autoren und Betrachter von Design-Thinking-Prozessen, dass die Herangehensweise an solche innovativen Prozesse immer vom Menschen aus gesehen werden sollten und das sowohl wirtschaftliche als auch technische Perspektiven zu einem vollständigen Prozess dazu gehören (Abb. 2.3).[1]

Tipps für erfolgreiches Design Thinking
Tim Brown empfiehlt in seinem Artikel „Design Thinking" für das Harvard Business Review (Ausgabe vom Juni 2008) folgendes Vorgehen für erfolgreiches Design Thinking:

- Beginnen Sie mit dem Anfang!
- Verwenden Sie Design Thinking schon zu Beginn des Innovationsprozesses, noch bevor eine Richtung festgelegt wurde. Design Thinking hilft dabei, mehr Ideen in kürzerer Zeit zu erforschen

---

[1] Uebernickel, Brenner, u. a. (2015).

Abb. 2.1   Ablauf
Problemlösungsplanung.
(Eigene Darstellung)

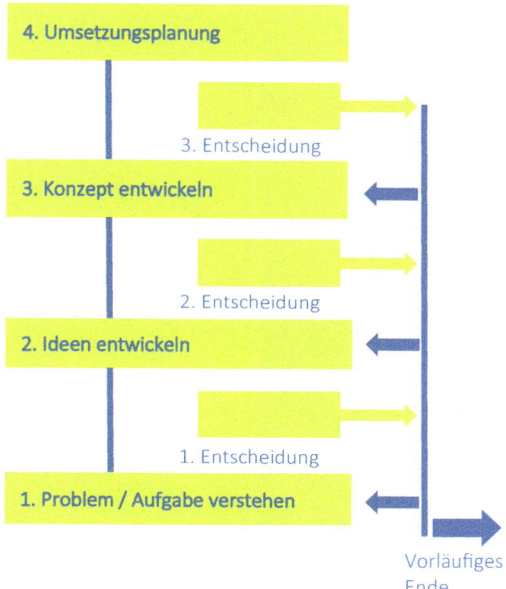

- Verwenden Sie eine am Menschen orientierte Herangehensweise!
- Im Einklang mit wirtschaftlichen und technischen Überlegungen sollte Innovation Verhalten, Bedürfnisse und Präferenzen des Menschen berücksichtigen. Menschen zentriertes Design erfasst unerwartete Einsichten und führt zu Innovationen, die den Konsumentenwünschen besser entsprechen.
- Suchen Sie externe Hilfe!
- Loten Sie Kollaborationspotenzial mit Kunden und Konsumenten aus. Nutzen Sie Web-2.0-Netzwerke.
- Verfolgen Sie kleine und große Projekte!
- Verwalten Sie eine Bandbreite an Innovationen zwischen kurzfristigen, inkrementellen Ideen und langfristigen, revolutionären Ideen. Zeigen Sie ab und an auch Bereitschaft zu revolutionären Innovationen.
- Passen Sie Ihre Budgetierung an die Innovationsgeschwindigkeit an!
- Design Thinking erfolgt schnell. Dennoch kann der Markteintritt unvorhersehbar sein. Schränken Sie sich nicht durch allzu starre Budgetzyklen ein. Seien Sie bereit, Ihren Finanzierungsansatz zu überdenken.
- Finden Sie Talente auf allen möglichen Wegen!

Design Thinking

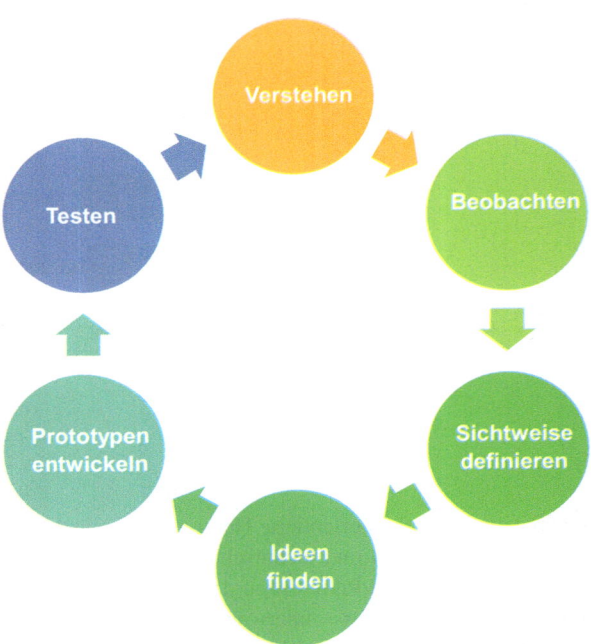

Abb. 2.2 Zyklus Design Thinking. (Eigene Darstellung, Interpretation HPI Akademie GmbH)

- Sorgen Sie durch entsprechende Einstellungen und Training dafür, dass Mitarbeiter zu Design Thinking fähig sind.
- Beachten Sie den vollen Designzyklus!
- Design-Projekte brauchen manchmal Zeit. Sorgen Sie dafür, dass der Design-Prozess dennoch voll durchlaufen wird. Dadurch können bessere Entscheidungen getroffen und positive Langzeiteffekte erzielt werden.

Innovation

Am Menschen orientierte Herangehensweise

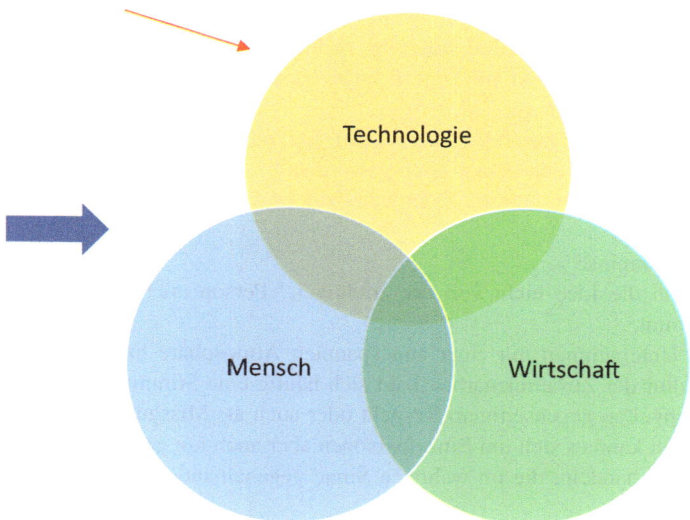

Abb. 2.3 Innovation auf den Menschen konzentriert. (Eigene Darstellung)

2.1.2 Innovationshemmnisse

Wie auf allen unbekannten Wegen, die zu beschreiten sind, können sich einem unerwartete und erwartete Hindernisse in den Weg stellen. Bei Schritten in innovatives Denken und Handeln ist das nicht anders.

▶ Vielleicht ist das Auftauchen von Hindernissen im Falle von innovatorischen Schritten besonders häufig und intensiv?

Jeder kennt die gut gemeinte Warnung vor unbekanntem Gelände, die oft sogar gut gemeint ist aber eine der bedeutenden Wurzeln für Innovationsfeindlichkeit darstellt.

Dahinter stecken vielfältige Gründe und Motive, die nicht alle in diesem Buch angesprochen, bzw. aufgearbeitet werden können. Ich werde mich daher hier nur auf einige Hinweise und Beispiele beschränken, die durchaus für alle die zahlreichen anderen Gründe und Anstöße stehen können:

(1) Budgetbremse

Oft ist der für das Budget Verantwortliche nicht bereit Geld für etwas freizugeben, das sich ihm oder ihr nicht erschließt. Finanzleute sind davon getrieben das Geld im Unternehmen zusammen zu halten und das ist im Prinzip auch gut so.

Ein sehr erfolgreicher Unternehmer hat mir einmal gesagt: „Durch Geld ausgeben ist noch keiner reich geworden."

Meine Antwort darauf: „Jeder Landwirt weiß, dass ohne Aussaat Ernte nicht stattfindet".

(2) Statusbremse

Wenn die Idee nicht von der „richtigen" Person oder Organisationseinheit kommt.

In Unternehmen mit einer angespannten Atmosphäre bzw. einer schlechten Kultur der Zusammenarbeit baut sich häufig eine Stimmung auf, die sich als Mangel an gegenseitigem Respekt oder auch als Missgunst und Neid zeigen. Dabei kann es sich um Einzelpersonen aber auch um ganze Organisationseinheiten handeln, die im wahrsten Sinne gegeneinander und nicht miteinander arbeiten.

Eine solche Einstellung bremst nicht nur die Innovationsfähigkeit, sie ist auch in anderen Bereichen des Unternehmens höchst schädlich.

(3) Organisationsbremse

Wenn die Organisation die Kapazitäten oder die Bereitschaft nicht hergibt. Oft bremst eine zu knappe Ressourcenlage die Möglichkeit sich mit der Zukunft und damit auch mit innovativem Denken zu beschäftigen.

Eine weitere ungünstige Ausgangslage entwickelt sich in Unternehmen, die es sich nicht angewöhnt haben über die eigenen Zuständigkeiten („also über den Tellerrand") hinauszudenken.

Unternehmen, die noch im Sinne des Wortes in „Ab-Teilungen" arbeiten (im Sinne von abgeteilt).

Innovation entsteht vor allem in vernetzten Strukturen durch gegenseitige Inspiration und durch ungewöhnliche Fragestellungen.

(4) Erfolgsbremse

Wenn sich weder Leidensdruck noch Notwendigkeiten aufdrängen.

Ein höchst unglückliches Hemmnis entsteht oft durch überdurchschnittlichen Erfolg. In solchen Fällen ist es schwer über Veränderungen oder Weiterentwicklungen nachzudenken.

Es fehlt zum einen die Denkrichtung („warum?") und zum anderen auch das Ziel der Verbesserung („was?"). Wenn es erfolgreich läuft, ist wenig Bereitschaft da, Veränderungen oder Weiterentwicklungen in Angriff zu nehmen.

Bis es dann vielleicht auch mal zu spät ist.

(5) Technologiebremse

Wenn die Werkzeuge für Entwicklungen nicht zur Verfügung stehen. Entweder weil es versäumt wurde den Markt und die technologische Entwicklung systematisch zu beobachten oder weil ein Technologiesprung völlig überraschend und nicht beobachtbar beim Wettbewerb auftaucht.

Es ist aber auch möglich, dass hier der Grund (unter Punkt eins beschrieben) von nicht rechtzeitig eingeleiteten Investitionen vorliegt.

(6) Methodenbremse

Wenn methodische Fähigkeiten und Kenntnisse bei den Mitarbeitenden fehlen.

Auch die Investitionen in die Fähigkeiten und Kenntnisse von Mitarbeitern sind unerlässlich, um zu den innovativen Unternehmen gehören zu können. Diese Mitarbeiterentwicklung muss gezielt, systematisch und mit entsprechendem Vorlauf umgesetzt werden, zumal die Fähigkeiten und Kenntnisse auch automatisch das Denken der gesamten Organisation beeinflussen.

(7) Motivationsbremse

Wenn die Mitarbeitenden nicht bereit sind, sich mit neuen Ideen auseinanderzusetzen.

Motivationsbremsen liegen häufig vor, wenn die folgenden Zustände vorliegen:

- Wenig Loyalität zum Unternehmen
- Kaum Interesse an der eigenen Tätigkeit
- Hoher Grad an Bequemlichkeit
- Der Eindruck nichts bewegen zu können
- Angst etwas falsch zu machen
- Festgefahrene Strukturen und Prozesse

Warum scheitern erfolgreiche Unternehmen?

3

3.1 Die häufigsten Gründe

Es ist nicht verwunderlich, dass oft gut eingesessene Unternehmen, fest im Markt verankerte Produkte oder Dienstleistungen ihre Vormachtstellung verlieren oder gar gänzlich vom Markt verschwinden. Oft steht dahinter die Überheblichkeit des Erfolges und die Beurteilung der Zukunft aus der Erfahrung der Vergangenheit:

- Bisher haben wir uns noch immer durchgesetzt.
- Kurze Durststrecken sind normal
- Ihr werdet sehen, das richtet sich wieder.
- Ich sehe da keine Alternative.
- Wer soll uns da in die Quere kommen.

Solche Aussagen sind oft die Einleitung des Scheiterns und damit auch die Blockaden innovativen Handelns.

Gerade große und erfolgreiche Unternehmen neigen oft zum „Tanker"-Syndrom, nach dem Motto: „Du kannst mit einem schweren Tanker nicht so schnell einen anderen Kurs einschlagen."

Nun, gut das ist leicht nachvollziehbar, aber wenn ich einen großen Tanker habe und den in den sicheren Zielhafen steuern will, muss ich eben mit meiner Kenntnis von Bremswegen und Geschwindigkeit von Kursänderungen vorausdenken.

© Der/die Autor(en), exklusiv lizenziert an Springer Fachmedien Wiesbaden GmbH, ein Teil von Springer Nature 2023
M. B. Krause and W. Mayer, *Der Innovationscode*,
https://doi.org/10.1007/978-3-658-41769-7_3

Das heißt ein Unternehmen scheitert leichter und wahrscheinlicher, wenn die notwendige Voraussicht fehlt:

- Wenn die Zufriedenheit mit dem Status Quo zur Firmenstrategie wird.
  „Warum etwas ändern oder gar etwas Neues aufgreifen, wir sind ja erfolgreich und wer kann schon voraussehen was passiert, wenn wir uns auf Veränderungen konzentrieren.
  Es fällt schwer ohne Bedenken über ein „sowohl als auch" nachzudenken, dazu fehlen die Impulse.
- Oft führt ein nicht vorausgesehener technologischer Wechsel zu rückläufigen Entwicklungen und zum möglichen Scheitern.
  Beispiele dafür sind Unternehmen der Musikindustrie, der schnelle technologische Wechsel von Schallplatte, auf Kassette, von da auf Diskette und danach auf Streaming von Daten.
  Dabei sind viele der früher führenden Unternehmen in ihrer Bedeutung geschrumpft oder gar aus dem Markt verschwunden.
  Eine Entwicklung, die fast jeder etwas ältere Mitbürger heute noch an einer verstaubten, etwas nostalgischen Sammlung von unterschiedlichen, kaum noch nutzbaren Datenträgern in den Schränken nachempfinden kann.
- Die übersehene Wettbewerbssituation, die aus nicht beobachteten Märkten erwachsen kann.
  Für jedes Unternehmen ist es unerlässlich Märkte zu beobachten und auf der Höhe von Entwicklungen zu sein. Nur so besteht auch die Möglichkeit sich mit an der Spitze von Entwicklungen zu bewegen.
- Ein schlicht nicht rechtzeitig vermiedener Verlust an Fachkräften führt ebenfalls zu mangelnder Performance und damit zu mangelhafter Produktivität.
  Fachkräftemangel als Auslöser von Performancemängeln wird in der Zukunft für viele Unternehmen ein großes Problem werden.
  Der Arbeitsmarkt entwickelt sich immer mehr zum Arbeitskräftemarkt.
  Unternehmen müssen sich rechtzeitig darum kümmern ihre Arbeitgeber-Attraktivität zu entwickeln und eine entsprechende Umgebung für interessierte Mitarbeiter*innen zu schaffen
- Eine schlechte Unternehmenskultur mit wenig motivierten Mitarbeitenden führt zu unproduktiven und damit nicht wettbewerbsfähigen Prozessen.
  Es führt vor allem zu mangelnder Bereitschaft zusätzliche Anstrengungen auf sich zu nehmen und mal bisher unbekannte Wege zu gehen.

3.2   Welche Gegenmaßnahmen helfen?

Die in der Theorie herausgestellten Innovationshemmnisse decken sich mit den in der Praxis gefundenen Hemmnissen. Es wird zwischen inner- und außerbetrieblichen Innovationshemmnissen unterschieden. Dabei hat das Unternehmen auf die außerbetrieblichen Hemmnisse, wie z. B. Gesetze, Handelsvorgaben und wirtschaftliche Gegebenheiten, wenig Einfluss.

▶   Im besten Falle kann sich das Unternehmen darauf einstellen und vorbereiten.

Doch die innerbetrieblichen Innovationshemmnisse sind teilweise veränderbar, u. a. durch geeignetes Innovationsmanagement, betriebliches Vorschlagswesen oder durch Kontinuierliche Verbesserungsprozesse. Das gilt besonders für die transparente Aufklärung der Mitarbeiter über die geplanten Innovationen sowie deren Beteiligung.

Dadurch lassen sich die gefürchteten Widerstände vermeiden. Darüber hinaus sollten die Innovationen in der Vision des Unternehmens verankert werden.

Schwer verändern lassen sich finanzielle Gegebenheiten. Wenn die finanziellen Mittel für Innovationen nicht vorhanden sind, dann bleibt dem Unternehmen nur der Verzicht, die Aufnahme von Krediten oder eine spezifische Umplanung der Mittel, die mit Kürzungen an anderen Stellen einhergeht.

In Bezug auf die Organisationsstruktur sollten flache Hierarchien vorherrschen. Die Führungskultur sollte demokratisch (partizipativ) und fair sein. Fair behandelte Mitarbeiter verhalten sich laut Reziprozität (Regel der Gegenseitigkeit) ebenso fair gegenüber dem Unternehmen.

Umsetzen von Fähigkeiten, Techniken, Denkrichtungen

Erst einmal geht es darum dem eigenen Denken die richtige Richtung zu geben:

▶ Wichtig ist, dass es nicht darum geht, eine richtige und eine falsche Methode zu bestimmen (vertikales Denken), sondern beide Denkmethoden mit ihren Möglichkeiten zu nutzen (laterales Denken).

Die Unterschiede lassen sich in einigen von „De Bono" formulierten Merksätzen am besten erkennen:

- Vertikales Denken ist analytisch, laterales Denken ist provokativ.
- Vertikales Denken ist folgerichtig, laterales Denken kann sprunghaft sein.
- Beim vertikalen Denken muß jeder einzelne Schritt richtig sein, beim lateralen Denken ist es richtig, einen nächsten Schritt zu denken.
- Beim vertikalen Denken vermeidet man etwas, um bestimmte Wege zu blockieren, beim lateralen Denken gibt es keine Verneinung.

Das Vertikale Denken sucht nach dem Richtigen, das laterale Denken sucht nach der Vielfalt von Möglichkeiten.

Es gilt also systematisch kreative Prozesse aufzusetzen und diese in die betrieblichen Abläufe einzufügen.

Wie sieht es jetzt mit Kreativtechniken aus?
Es gibt eine Menge solcher Techniken, die alle ihre Berechtigung haben und in der Regel auch ihren Zweck erfüllen.

© Der/die Autor(en), exklusiv lizenziert an Springer Fachmedien Wiesbaden GmbH, ein Teil von Springer Nature 2023
M. B. Krause and W. Mayer, *Der Innovationscode*,
https://doi.org/10.1007/978-3-658-41769-7_4

Gerne verweisen wir hier auf die entsprechende Literatur, die reichlich auf dem Markt vorhanden ist und sehr anschaulich schildert, wie und wo diese Techniken eingesetzt werden können.[1]

Aus unserer Sicht wichtig ist die Frage, wie finde ich für die Lösung meines Problems die geeignete Technik?

Aber noch wichtiger ist, wie gehe ich die erforderlichen Prozessschritte richtig.

Unabhängig vom Prozess hängt es noch stärker vom Problem und von den Beteiligten ab, in welchem Schritt mit welcher Methode gearbeitet wird. Wenn die Arbeitsgruppe Schwierigkeiten mit der Aufgabe empfindet, so ist manchmal der Wechsel der Methode eine Lösungshilfe.

Kreativgruppen sollten sich häufiger in ihrer Zusammensetzung ändern oder zumindest regelmäßig die Arbeitsmethode und die eingesetzten Techniken variieren.

4.1   Die Prozessschritte

4.1.1   Die Aufgabe exakt definieren

Zunächst gilt es mal das oder die Probleme/Aufgabenstellungen eindeutig zu definieren.

---

[1] Z. b. Linneweh (1984), Schlicksupp (1992).

Mit der progressiven Abstraktion können Sie durch ständiges Neudefinieren eine bearbeitbare Problemdefinition erarbeiten oder fassbar definieren.

Ablauf

(1)   Das Problem wird definiert und zur „Diskussion" gestellt.

(2)   Lösungsvorschläge werden spontan formuliert.

(3)   Jeder Diskussionsabschnitt wird nach ca. 5 bis 10 min unterbrochen

(4)   Die Lösungsvorschläge werden auf Gemeinsamkeiten untersucht.
- Die Bewertung der Vorschläge erfolgt durch die Frage: „Worauf kommt es bei der Lösung dieses Problems eigentlich an?"

(5)   Das Problem wird nach den neuer Gesichtspunkten umdefiniert.

(6)   Sie haben Ihr Ziel erreicht, wenn keine neuen Gesichtspunkte mehr auftauchen und das Problem eindeutig und bearbeitbar formuliert ist, oder ein Lösungsansatz entstanden ist.

---

1. Problemdefinition

Lösung   Lösung   Lösung
1   2   3

Erster Zwischenschritt
1.1 Was haben alle Lösungen gemeinsam?
1.2 Worauf kommt es bei der Lösung an?

2. Problemdefinition

Lösung   Lösung   Lösung
1   2   3

Zweiter Zwischenschritt
usw.

Progressive Abstraktion, Eigene Darstellung

Die Methode der progressiven Abstraktion[2] eignet sich für die Analyse von Problemdefinitionen nach wechselnden Gesichtspunkten.

Durch das methodische Prinzip des Hinterfragens verhindert die progressive Abstraktion die Einengung auf vorgeschlagene Lösungen.

Die progressive Abstraktion ist ein problemzentriertes Verfahren, das neue Gesichtspunkte erschließt. Die in jedem Diskussionsabschnitt formulierten

---

[2] Nach Horst Greschka.

Lösungen führen zu einer genaueren Problemdefinition, aber manchmal auch schon zu einem Lösungsansatz.

4.1.2 Prozess der Ideenfindung

Beispiel einer Ideenfindungsmethode – Synektik[a]

Aufgabenstellung: „Wie können Warteschlangen verhindert werden?"

(1) Direkte Analogie aus der Natur
Welche Warteschlangen kennen wir aus der Natur?
- Wasser eines Flusslaufes
- Viehherde, die durch ein Gatter drängt
- Wind pfeift durch eine enge Häuserspalte

(2) Persönliche Analogie
Wie fühlen Sie sich als Wind vor der Hausspalte?
- Ungeduldig
- Ärgerlich
- Eingeschränkt
- Aufgehalten
- Nicht schlank genug

(3) Symbolische Analogien z. B. als Buchtitel-Version
- Ungeduldig   „Auf der Suche nach der ruhigen Wolke"
- Ärgerlich   „Der Kampf der Titanen"
- Eingeschränkt   „Das hässliche Entlein"
- Aufgehalten   „Das Ende der Fahnenstange"
- Nicht schlank   „Das dicke Ende kommt zuletzt"

(4) Phantastische Analogien z. B. welche Verbote führen zu Warteschlangen?
1. Du sollst immer nur alles in einer vorgegebenen Reihenfolge tun.
2. Mach Dir keine Gedanken über die Wartenden.
3. Denke nicht darüber nach, wie Du schneller arbeiten kannst.
4. Lass Dir niemals Arbeit abnehmen.
5. Wer anruft, wird zuerst abgefertigt.
6. Geh immer zuerst auf Kollegenwünsche ein.
7. Denke nie an die notwendigen Kapazitäten.

[a] Nach William Gordon (1971).

(5) Direkte Analogie

 zu (1) Mehrere Personen gleichzeitig abfertigen.

 zu (2) Die Wartenden informieren oder durch Vorbereitungsarbeiten beschäftigen.

 zu (3) Technische Bearbeitungshilfen einsetzen.

 zu (4) Die Wartenden mitarbeiten lassen.

 zu (5) Keine Anrufe an Engpassstellen zulassen.

 zu (6) Ungestörtes Arbeiten ermöglichen.

 zu (7) Plane Engpässe voraus.

Ideen prüfen, interpretieren, durch weitere Sitzungsphasen überarbeiten und zur Lösungsreife entwickeln. Bei Bedarf muss die Problemdefinition noch genauer definiert und eingesetzt werden.◄

4.1.3 Entscheidungen treffen

Einflüsse der Entscheidungsfindung

Eine Entscheidung ist kein kreativer Schritt, sie entspringt nicht dem lateralen Denken. Entscheidungen werden vertikal gedacht und mit rationalen Elementen untermauert. In jedem kreativen Prozess, ist wichtig zu wissen, wo wir uns befinden.

Sind wir noch im Moment der Ideenfindungsphase und offen für alle Impulse, also sind wir „Divergent" oder ist erforderlich diesen Prozessteil zu beenden und knallhart den „Konvergenten Hammer" auszupacken, um jetzt eine Entscheidung zu fällen.

Dies gilt für das Ende eines Prozesses und natürlich auch für die vorher definierten Haltepunkte. So etwa lässt sich die Denkfolge und Entscheidungsfolge skizzieren (Abb. 4.1).

Im Entscheidungsprozess fällt tatsächlich der berühmte „Konvergente Hammer", die Entscheidung erfolgt nach eindeutigen logischen und messbaren Kriterien.

Bewährt hat sich hier eine vorherige Festlegung auf entsprechende Entscheidungsfelder, wie zum Beispiel in Abb. 4.2 beschrieben.

Beiden Schritttypen im Innovationsprozess gebühren die gleiche Aufmerksamkeit und die gleiche Regelsicherheit. Die beiden Denkrichtungen laterales und vertikales Denken dürfen sich nicht gegenseitig beeinflussen. Manchmal ist es hilfreich und zielführend, in den unterschiedlichen Phasen auch unterschiedliche Personen am Prozess mitwirken zu lassen.

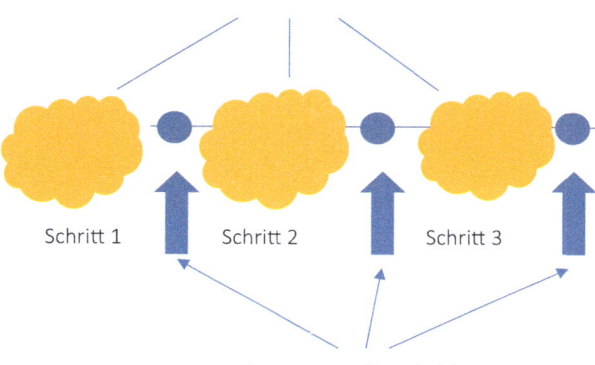

Abb. 4.1   Divergent denken – Konvergent Entscheiden. (Eigene Darstellung)

4.1.4   Qualität der Ergebnisse und Dauer des Lösungsprozesses

Am Ende eines jeden kreativen Prozesses ist es sinnvoll, rückblickende Qualitäts-
überlegungen anzustellen, um für die Zukunft Prozessverbesserungen zu erkennen
und festzulegen und um die Sicherheit in der Methodenwahl zu verbessern.

Ein kreativer Prozess kann abhängig von der gewählten Methode und den
beteiligten Personen sehr unterschiedlich ablaufen. Die Wahl der einzusetzen-
den Methode und die Festlegung der Prozessschritte müssen in der jeweiligen
Arbeitsgruppe erfolgen.

Als Anhaltspunkt kann die folgende grobe Gliederung dienen:

1. Schritt – Problemerkenntnisse vertiefen
Alle an dem Problemlösungsprozess Beteiligten werden informiert und soweit
notwendig, in die Aufgabe, die Zielvorstellungen und die geplante Arbeitsweise
eingewiesen.

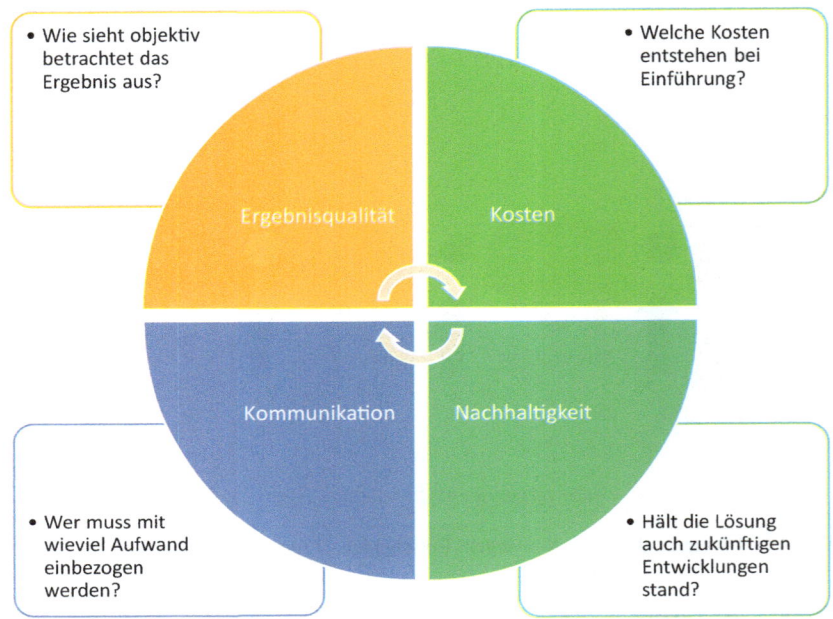

Abb. 4.2 Entscheidungsfelder im Lösungsprozess. (Eigene Darstellung)

2. Schritt – Arbeitsregeln festlegen
Die Arbeitsgruppe legt die Regeln der gemeinsamen Arbeit fest, einigt sich auf Formalien und sorgt für die Arbeitsbasis.

3. Schritt – Ideen sammeln
Auf der Basis der Problemdefinition beginnt jetzt der reine Prozess der Ideenfindung. Je nach Problem können hier alle Ideenfindungstechniken eingesetzt werden. Der Prozess der Ideenfindung kann mit unterschiedlichen Techniken mehrfach durchlaufen werden.

5. Schritt – Bewertungskriterien festlegen
Um die definierten Ziele erreichen zu können, ist es notwendig, einen Kriterienkatalog aufzustellen. An diesen Kriterien werden alle gesammelten Ideen gemessen.

6. Schritt – Ideen auswählen
Die Ideensammlung (4. Schritt) unterliegt einem strengen Bewertungsverbot, damit der ungehinderte Ideenfluss nicht unterbrochen wird. Jetzt wird das nachgeholt. Es werden die unbrauchbaren ausgewählt und gegeneinander bewertet. Anhand des Kriterienkataloges werden die realisierbaren Ideen herausgesucht.

7. Schritt – Realisierungsmöglichkeiten untersuchen
Die in der Ideenauswahl als gut erkannten Ideen werden nun auf die Realisierungsmöglichkeit hin untersucht und entsprechend angepasst. Die Idee muss am Ende dieser Phase realisierbar sein.

8. Schritt – Realisierung durchsetzen
Die Realisierung ist der letzte Teil des Problemlösungsprozesses. Die Realisierung gehört noch dazu, weil zum einen das Problem erst gelöst ist, wenn es nicht mehr vorhanden ist und zum zweiten aus der Realisierung heraus die besten Erfahrungen für die Schritte der Problemdefinition und Ideenauswahl gemacht werden können.

Unabhängig vom Prozess hängt es noch stärker vom Problem und von den Beteiligten ab, in welchem Schritt mit welcher Methode gearbeitet wird. Wenn die Arbeitsgruppe Schwierigkeiten mit der Aufgabe empfindet, so ist manchmal der Wechsel der Methode eine Lösungshilfe.

Kreativgruppen sollten sich häufiger in ihrer Zusammensetzung ändern oder zumindest regelmäßig die Arbeitsmethode und die eingesetzten Techniken variieren.

Wechselwirkung Praxis und Theorie 5

5.1 Gibt es ein Erfolgsmodell für Innovation?

▶ „Wie sieht ein innovatives Unternehmen aus?"

Auf eine solche Frage folgt erst mal ein betretenes Schweigen. Denn vergleichen wir innovativ herausragende Unternehmen oder Organisationseinheiten miteinander, fällt zunächst mal auf, dass alles an Organisationen, Strukturen, Branchen möglich ist und einer Gleichheits- oder gar Regelüberprüfung nicht standhalten kann.

Wenn aber schon der Aufbau eines Modells nicht hilfreich ist, was ist denn das Geheimnis von innovativen Unternehmen.

Im Abschn. 2.2 „Innovation verstehen", habe ich schon einige wesentliche Zutaten zu innovativem Handeln in Unternehmen genannt, zum Beispiel:

- Vertrauen in die handelnden Personen
- Zuversicht bezüglich der zu behandelnden Ideen
- Widerstände beseitigen oder neutralisieren
- Ein offenes Denken erarbeiten
- Eigenverantwortung stärken

Das sind in erster Linie Verhaltensweisen, und zwar Verhaltensweisen auf allen Ebenen einer Organisationseinheit.

Hier liegt die Idee nahe, dass der gemeinsame Nenner von innovativen Organisationen die Haltung, die Denkweise und die Bereitschaft der Menschen sind.

M. B. Krause and W. Mayer, *Der Innovationscode*, https://doi.org/10.1007/978-3-658-41769-7_5

Wie ist das zu erreichen?

Bereitschaft etwas zu leisten entsteht aus dem Spaß, den die Handlung macht und dem Sinn, den der Mensch in seinem möglichen Ergebnis oder seinem Tun sieht, daraus entwickelt sich die Zufriedenheit, übrigens die nachhaltigste Währung der Welt (Abb. 5.1).

Da sind wir bei den Themen Führen (Leadership und Entrepreneurship), Motivation und Verantwortungsbereitschaft aller handelnden Personen.

Dazu noch umfangreiches Vertrauen und eine offene Arbeitskultur.

Es kommt also darauf an in welcher Atmosphäre oder auch Arbeitskultur ein innovativer Prozess sich gut und erfolgreich entwickeln kann.

Als erstes und vielleicht wichtigstes ist die Frage wie ist die Unternehmensführung aufgestellt, welche Kultur geht von ihr aus und welche Visionen und Ziele hat sie?

Abb. 5.1 Das Erfolgsdreieck (Linneweh). (Quelle: Prof. Dr. Klaus Linneweh)

Auch in Fragen der Innovationsfähigkeit gilt der Spruch:

▶ „Die Treppe sollte immer von oben nach unten gekehrt werden!"

Das heißt, ist die Spitze eines Unternehmens oder einer Organisationseinheit offen
für Ideen, Neuerungen, andere Wege und treibt sie diese Haltung durch Zielsetzungen, organisatorische Voraussetzungen und entsprechende Verfügbarkeit
von Ressourcen, dann kann für mögliche Innovationsprozesse die entsprechende
Grundlage gegeben sein.

Aber auch die beste Grundlage ist fatal zu wenig, wenn die entsprechenden
Mitwirkenden nicht können oder nicht wollen.

▶ Aber es ist auch eine Binsenweisheit, dass „Menschen am liebsten
    das machen, was sie wollen und nicht wie sie sollen!"

Es gehört also viel Aufmerksamkeit und Gestaltungskraft dazu, die Menschen,
um deren Handeln es geht, auch dahin zu bringen, das sie es tun. Sie müssen es
wollen, sie müssen es gerne tun und sie müssen einen berechtigten Stolz auf ihre
Leistungen entwickeln.

Das klingt nach der Begeisterung und der Motivation eines Leistungssportlers
und genau das ist auch ein durchaus passender Vergleich. Denn auch innovatives Handeln ist Leistungsorientierung und Leistungserbringung hängt von der
Motivation ab.

▶ Wenn Du ein Schiff bauen willst, dann trommle nicht Männer
    zusammen, um Holz zu beschaffen, Aufgaben zu vergeben und die
    Arbeit einzuteilen, sondern lehre die Männer die Sehnsucht nach dem
    weiten, endlosen Meer."[1]

Was zeichnet innovative Organisationen aber jetzt wirklich aus, und worauf
muss ich achten, um eine Innovationsfähige und innovationswillige Einheit zu
schaffen?

Es ist tatsächlich wie im Leistungssport und hier ist vor allem der Mann-
schaftssport ein guter Vergleich.

Oft gewinnt nicht die Mannschaft mit den besten Einzelkönnern, sondern die
Mannschaft mit dem besten Verständnis füreinander und mit dem besten Spirit
(Teamgeist).

---

[1] Antoine de Saint-Exupery.

Was bringt Menschen dazu sich in einem sozialen Gefüge wohlzufühlen? Nun, zuerst mal ist ein Gefüge eine Einheit (z. B. die Balken eines Dachstuhls oder auch die Teile einer Mannschaft), die voneinander abhängt, die sich gegenseitig stützen, die als Einheit wahrgenommen wird und die sich auch als Einheit fühlt (Letzteres gilt natürlich nicht für Balken).

In einem solchen Gefüge fühlt sich der Einzelne geborgen und aufgehoben, es entsteht ein Identifikationsfaktor, der auch das Ergebnis des Handelns als gemeinsame Leistung wertet.

Nicht wer das Tor schießt, steht im Vordergrund und ist der Held (aus der Sicht des Teams!) sondern der gemeinsame Sieg ist das erstrebenswerte Ziel.

Im Umkehrschluss gilt auch: Nicht wer den Fehler macht ist der Depp oder der Schuldige, sondern das ganze Gefüge hat verloren (auch wieder aus der Sicht des Teams, Außenbeobachter, vor allem im Sport tragen hier nichts zur Funktionsfähigkeit und zum Erhalt des Gefüges bei).

Leider gibt es auch heute noch viel zu viele Führungskräfte, die hier den Standpunkt von Außenbeobachtern einnehmen und damit destruktiv auf innovative Prozesse einwirken, ohne sich dieser Wirkung bewusst zu sein.

Hier dazu ein Beispiel aus der gelebten Praxis:
In einem mir bekannten Unternehmen hängt sichtbar, an einem für alle Mitarbeiter*innen täglich begangenen Platz, ein Banner mit dem Satz:

▶   Um welche Fehler es auch immer geht, beschuldige nie den Menschen, sondern immer nur den Prozess.

Eine sehr weise Aussage und Aufforderung wie ich finde:

- Fehler werden grundsätzlich nicht zur Schuldfrage
- Fehler sind Erkenntnisse, um besser zwerden
- Die Suche gilt nicht einem Schuldigen
- Der Focus gilt der Verbesserung
- Die Einstellung ist, Fehler bringen uns weiter
- Welche Lücke im Prozess müssen wir schließen?
- Wer oder was kann sie schließen?
- Wann können wir sie schließen?
- Gibt es ähnliche Lücken die wir gleich mit beheben können?
- Wie halten wir die Lösung stabil?

Dieser Umgang mit Fehlern erzeugt eine vorbildliche Fehlerkultur, lenkt dieses Denken doch vorurteilsfrei und unverzüglich alle Kräfte auf eine Lösung hin.

Sie vermeidet Angst vor Fehlern und erst recht die Angst über die Geschichte der Fehlerentstehung zu berichten, oder sogar als Erstentdecker und Beteiligter aufzutreten.

Ein Kriterium für eine innovative Organisation ist Zukunftsvertrauen. Eine anderes Merkmal ist eine angstfreie Kultur.

Bezeichnenderweise sind alle innovativen Organisationen, die mir bisher begegnet sind ausgesprochen kommunikationsstark und kommunikationsfreudig.

Weitere Stärken solcher Organisationen sind greifbare Visionen, eine klar definierte Zielorientierung und in aller Regel auch ein geordnetes und vor allem überschaubares Projekt- und Aufgabenmanagement.

Der Glaube das agiles und flexibles Verhalten zu Innovationen führt, befindet sich eindeutig auf dem Holzweg.

►   Chaos erzeugt Zufall – Struktur erzeugt Ergebnisse!

Innovation wird erst durch viel Disziplin und klare Strukturen erreichbar.

Prozessen und Methoden gehört eine große Aufmerksamkeit aller Beteiligten.

Zusammengefasst gehört zu einem innovativen Unternehmen:

- Eine erkennbare, gemeinsame Vision
- Zielsetzung und Bereitschaft aller Beteiligten
- Eine offene Unternehmenskultur
- Kommunikative Vernetzung im Unternehmen
- Eine vorbildliche Fehlerkultur
- Strukturen und flexibles Handeln
- Methodisches Wissen und Können
- Vertrauen und Motivation
- Einander unterstützen wollen

Wenn wir ein Anschauungsmodell benötigen, könnte es etwa wie folgt aussehen:

Übersicht

Dieses Abbild einer realen Situation kann als Modell herhalten und beschreibt ein durch und durch „Lean" ausgerichtetes Unternehmen. Täglich wird in diesem Unternehmen (hier ab jetzt genannt „Lean AG") jeder Tag mit einem Ritual begonnen:

- 30 min Tagesstart, individuell an jedem Arbeitsplatz mit der Aufgabe der „3S"
  - Sweeping – Sauber machen
  - Sorting – Aufräumen, Aussortieren, Entrümpeln
  - Standardizing – Neue Standards finden
- Danach auch 30 min das „Morning Meeting"
  Das Morning Meeting läuft wie folgt ab:
  Mitarbeiter*innen treffen sich jeden Morgen zu einer festen Zeit zum Morning Meeting, alle und in unserem Realmodell „Lean AG" schon seit 18 Jahren und das immer noch mit neuen und die Wirtschaftlichkeit des Unternehmens steigernden Ergebnissen.
  Das Morning Meeting läuft immer nach dem gleichen Muster ab und wird täglich wechselnd von einem Teamleader des Tages geführt. Genau wie täglich wechselnd die Reinigung der Gemeinschaftsräume festgelegt und durchgeführt wird. In diesem Unternehmen putzt auch der Chef Toilette, Küche und Erste-Hilfe Station wenn er an der Reihe ist. Die Arbeitsplätze werden ja von jedem Mitarbeiter selber geputzt und in Ordnung gehalten, siehe „3S".

Checkliste Morning-Meeting:
Teamleader Aufgaben (Vorlauf)
- Morning-Meeting-Präsentation vorbereiten
- Putzdienst und Teamleader festlegen

(1) Begrüßung durch den Teamleader
   - Praktikanten und Gäste werden begrüßt
   - Ständchen an Geburtstagen
(2) Stretching
   - 2–3 min Morgensport
(3) Teamleader und Putzdienst für den nächsten Tag verkünden
   - Beide Rollen wechseln täglich
(4) Verkaufszahlen vom Vortag besprechen
   - Die Mitarbeiter wissen täglich wo die Firma steht

(5) Begeisterte Kunden
- Kundenfeedback aus Social-Media, Telefon, E-Mails, etc. vortragen

(6) Persönliches Wachsen
- Teamleader stellt sein persönliches Wachstum seit der letzten Präsentationsverantwortung vor (kann auch privat sein)
- Wer will kann sich mit seiner/ihrer eigenen Wachstumswahrnehmung anschließen

(7) Verbesserungen aus dem „3S"
- Das Team stellt seine persönliche Verbesserung aus dem „3S" vor (als Ideengeber für andere)

(8) Fehler
- Persönliche Fehler/Missgeschicke werden angesprochen und gemeinsam reflektiert und behoben (Prozessverbesserungen)

(9) SOS-Produkte
- Gibt es Lieferverzögerungen? Dies werden vorgestellt und einer Problemlösung zugeführt

(10) Marketing Projekte
- Vorstellen geplanter Marketingaktivitäten. Begutachten vergangener Marketingaktionen

(11) Erforderliche Hilfe
- Wer braucht kurzfristig Hilfe und wer springt ein?

(12) Dankbarkeit
- Mindestens drei Teilnehmer stellen dem Team vor warum sie dankbar sind.

Dann gehen alle zügig an ihre Arbeit: Motiviert, inspiriert, informiert, beteiligt und mit dem Gefühl ein wesentlicher Teil von einem positiven Ganzen zu sein.

5.2 Was hat die Praxis aus der Theorie gelernt?

Ein Unternehmer im Gespräch, den wir nach der Durchdringung von innovativen Elementen in seinem Unternehmen gefragt haben:

▶ Es war schon immer mein Verdacht: Wenn wir wüssten, was wir wissen und wenn wir umsetzen würden, was wir können, wären wir spitze!

Klingt positiv und resignativ zugleich.

Warum existiert offenkundig und von vielen Unternehmern postuliert, diese Lücke zwischen der Theorie und der gelebten Praxis?

In erster Linie ist es wohl die Fokussierung auf das Tagesgeschäft, *„Business as usual"*.

In diesem Zusammenhang gab uns Mark Twain zwei Zitate mit auf den Weg, die wie ich finde hier sehr aufschlussreich sein können:

▶ „Als sie ihr Ziel aus den Augen verloren, verdoppelten sie ihre Anstrengungen".

▶ „Wer nicht genau weiß, wohin er will, braucht sich nicht zu wundern, wenn er ganz woanders ankommt".

In zweiter Linie ist es die falsche Zielorientierung, es wird zu wenig Wert auf die Prozesse gelegt. Die Konzentration gilt den erhofften Ergebnissen, da fällt es schwer sich in einen kreativen Prozess zu begeben und erst mal vom Ergebnis weg zu denken.

Viele Organisationen gönnen sich nicht die Zeit, die ein Ideenfindungsprozess nun mal braucht.

Die Projektterminpläne sehen solche Aufenthalte nicht vor, zumal Projekte ohnehin oft in viel zu engen Korsettstangen daherkommen.

Vielfach wird pragmatisch abgekürzt oder es wird auf einen ausgiebigen Denkprozess in einem laufenden Projekt aus Zeitmangel verzichtet.

Das klingt jetzt etwas sehr negativ und ist es wohl auch. Viele Unternehmen verzichten damit unbewusst auf bessere Performance.

Allerdings gibt es auch Unternehmen, die ihre Hausaufgaben gemacht haben und die genau die Prozesse fest installiert haben, die benötigt werden, um innovativ sein zu können.

Wann können wir von einem innovativen Unternehmen sprechen und wann können wir den Eindruck haben dieses Unternehmen hat die geeignete Theorie in die Praxis übertragen und verinnerlicht?

Einen hilfreichen Hinweis kann hier die Hunt-Matrix liefern.

John W. Hunt hatte zwar in erster Linie Veränderung und Beweglichkeit eines Unternehmens im Blick, aber beide Eigenschaften gehören nun mal auch zu der Innovationsfähigkeit eines Unternehmens.

Genau genommen sind diese Eigenschaften die Basis für ein innovatives Geschehen im Unternehmen.

Mit Blick auf die Matrix und mit Blick auf die Leistungsfähigkeit eines Unternehmens, lässt sich der im Leistungssport vielzitierte Satz vom ineinander greifen aller erforderlicher Komponenten sprechen.

Mit anderen Worten:

▶ Wenn das Gesamtsetting stimmt, stimmt auch die Innovationsfähigkeit.

Wenn also alles zusammenpasst, wird sich auch die erforderliche Innovative Kraft entfalten.

Oder wenn wir wissen wollen, woran es liegt, wenn es nicht erfolgreich wird, können wir auch die Hunt-Matrix (Abb. 5.2) zu Rate ziehen.

5.3 Welche Erkenntnisse gewinnt die Theorie aus der Praxis?

Ein großes Plus spricht für die Sinnhaftigkeit und Ergiebigkeit dieser Frage nämlich die Tatsache:

▶ Praxis ist erlebbar, beobachtbar und beschreibbar.

Was die Praxis an positiven Ergebnissen oder erkannten Voraussetzungen hergibt ist im Erfolgsfall vor allem auch nachahmenswert.

Wir können davon ausgehen, dass die Theorie nahezu alle Techniken und Methoden kennt, die zu innovativen Prozessen führen. Meistens sind solche Methoden auch in der Theorie entstanden oder zumindest finalisiert worden.

Wo sind denn jetzt die Ansätze aus der Praxis, die die Theorie bereichern?

Die Frage führt direkt in beobachtbare Modelle oder Voraussetzungen, die Innovationen begünstigen, oder sie sogar erst möglich machen.

Bei der Betrachtung und dem Vergleich von Innovationsbeispielen sind mir in den zahlreichen Projekten Gemeinsamkeiten und Ähnlichkeiten aufgefallen, die wir dann in Workshops erfasst und systematisch zusammengestellt haben.

Typische Reaktionen auf Veränderungen – Die Hunt*) - Matrix

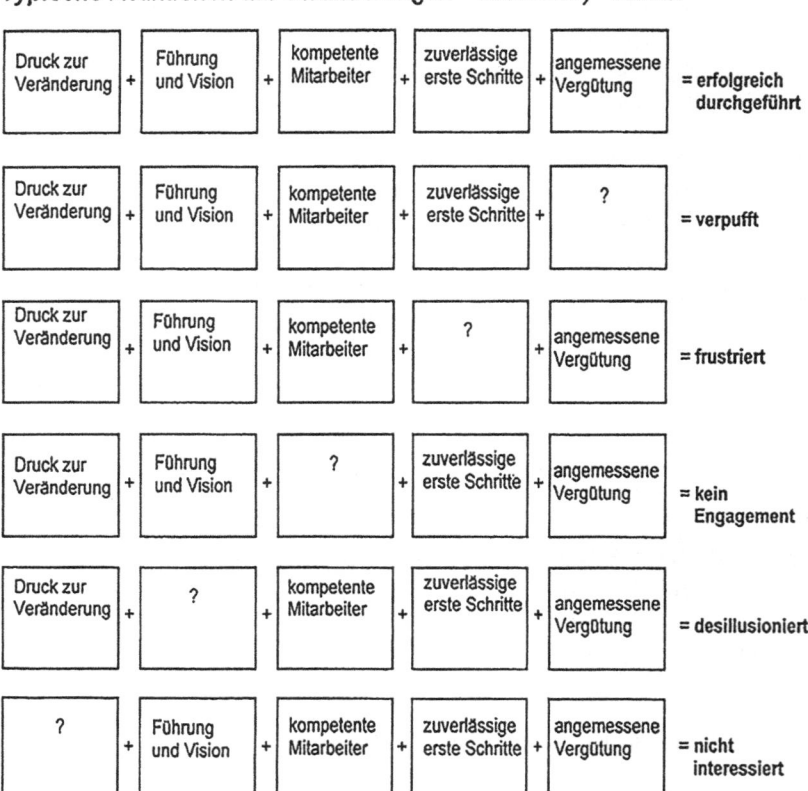

| Druck zur Veränderung | + | Führung und Vision | + | kompetente Mitarbeiter | + | zuverlässige erste Schritte | + | angemessene Vergütung | = erfolgreich durchgeführt |

| Druck zur Veränderung | + | Führung und Vision | + | kompetente Mitarbeiter | + | zuverlässige erste Schritte | + | ? | = verpufft |

| Druck zur Veränderung | + | Führung und Vision | + | kompetente Mitarbeiter | + | ? | + | angemessene Vergütung | = frustriert |

| Druck zur Veränderung | + | Führung und Vision | + | ? | + | zuverlässige erste Schritte | + | angemessene Vergütung | = kein Engagement |

| Druck zur Veränderung | + | ? | + | kompetente Mitarbeiter | + | zuverlässige erste Schritte | + | angemessene Vergütung | = desillusioniert |

| ? | + | Führung und Vision | + | kompetente Mitarbeiter | + | zuverlässige erste Schritte | + | angemessene Vergütung | = nicht interessiert |

*) Hunt, John W., Organizational Behaviourist, z. Zt. London Business School, nach einer Präsentation im „Change Masters Programme", 1994, Hannover

Abb. 5.2 Hunt-Matrix

Dabei herausgekommen ist die Beobachtung, die meisten innovativen Umgebungen hatten folgende Klarheiten geschaffen:

- Das Setup hat klare, eindeutige Strukturen
- Ziel und Zweck sind nachvollziehbar für alle Beteiligten geklärt

- Mittel und Rahmenbedingungen sind sicher definiert
- Es gibt eine von allen getragene Leadership-Kultur
- Akzeptanz, Respekt und Anerkennung prägen die Zusammenarbeit
- Das Teamverständnis wird auf Verlässlichkeit, Verantwortung und offener Kommunikation aufgebaut

Umsetzbar wird das alles durch die folgenden Checklisten, die daraus entstanden sind:

Strukturelle Voraussetzungen	Ja	Nein
→ Die Kommunikation in der Arbeitsumgebung ist besprochen und festgelegt		
→ Die Arbeitsteilung ist besprochen und festgelegt. Verantwortlichkeiten sind geklärt		
→ Meetings sind definiert und eingeplant, es herrscht Klarheit über was, wann, wo, wie lange		
→ Form und Fälle von Entscheidungen sind definiert, wer, wann, wie		
→ Besondere Risiken sind Bedacht und die Gegenmaßnahmen und Hilfen sind entwickelt		
→ Es sind Regeln für die Zusammenarbeit gemeinsam aufgestellt worden		

Zweck/Ziele	Ja	Nein
→ Zweck und Ziele des Auftrages sind klar und eindeutig definiert		
→ Die Ziele werden von allen gleich verstanden und gleich interpretiert		
→ Die Ziele sind aus wichtigen Aufgabenstellungen abgeleitet		
→ Das Verhältnis der Ziele zueinander ist erfasst, ergänzend, konfliktär, neutral		
→ Es ist geklärt wie die Ziele für die operative Arbeit aufbereitet werden sollen		
→ Es ist geklärt wie und wann die Ziele in die Organisation kommuniziert werden, wie, wann, wer		

Mittel und Rahmenbedingungen	Ja	Nein
→ Die Infrastruktur als Arbeitsbasis ist definiert und kommuniziert		
→ Es ist festgelegt mit welchen Mitteln und Methoden die Leistungserstellung sichergestellt wird		
→ Die Fähigkeiten für die gemeinsame Arbeit sind sicher gestellt		
→ Fehlende oder unzureichende Fähigkeiten werden nachgearbeitet (Schulung/Einarbeitung)		

Leadership	Ja	Nein
→ Die Rollen sind geklärt und es ist festgelegt wer wofür Verantwortlich ist		
→ Es ist definiert wo und wann es Leitungs-entscheidungen gibt		
→ Freiraum für Eigenverantwortung und agiles Handeln sind eingeplant		
→ Die Verantwortlichkeiten und die Verteilung von Entscheidungsverantwortung wurde gemeinsam geklärt		
→ Die gegenseitigen Erwartungen von Leitung und Team sind geklärt		
→ Die Führung soll prozessorientiert und offen kommunikativ gelebt werden		

Anerkennung/Fehlerkultur	Ja	Nein
→ Fehler sind im Prozess und nicht bei den Mitarbeitern zu suchen und abzustellen		
→ Gegenseitige Anerkennung und der gegenseitiger Respekt werden in regelmäßigen Teamrunden gelebt		
→ Kritik erfolgt offen, nicht wertend, aber konstruktiv und wertschätzend		
→ Unzufriedenheiten werden direkt und eindeutig geäußert und gemeinsam besprochen		
→ Kritik ist für das Team eine Chance besser zu werden, jeder Fehler führt zur Verbesserung		

Beziehung/Teamklima	Ja	Nein
→ Das Team wie:, Erfolg und Misserfolg sind immer eine Teamleistung		
→ Die Teamqualität ist ein großes gut und sie lebt und wächst durch ständiges daran arbeiten		
→ Jedes Teammitglied fühlt sich für das Teamklima verantwortlich		
→ Die Teammitglieder wissen: Gegenseitige Verlässlichkeit und gegenseitiger Respekt sind die Grundpfeiler für die Teamkultur		

Ideen, Geschäftsmodelle und Innovationen finden

6

Seit 2010 arbeite ich in einem Umfeld, wo es regelmäßig um Innovation geht. Was sind neue Trends, wie können Entwicklungen abgeleitet werden? Mit welchen Themen beschäftigen sich Forschungsinstitute? Wie kann ich durch gezieltes Technologie- und Innovationsscouting an neue Ideen kommen, welche Themen kann ich in andere Branchen adaptieren?

Allgemein richtet die Bundesregierung ihre Forschungs- und Wirtschaftspolitik darauf aus, regelmäßig in Forschung und Entwicklung zu investieren, um mindestens 3–3,5 % des Bruttoinlandproduktes in neue Entwicklungen zu bringen. Hierbei werden neben den großen Forschungseinrichtungen, auch mittelständische Unternehmen mit Zuschüssen gefördert, um etwaige Innovationshemmnisse beispielsweise zu wenig Personal- und Finanzkapazitäten zu reduzieren (BMBF 2014).

Grundsätzlich können Innovationen unterschiedlich abgegrenzt werden. Spreche ich von technischen Innovationen, beziehe ich mich auf etwas Neues und im engeren Sinne spreche ich von Innovationen, wenn es neue Produkte, Dienstleistungen oder Verfahren sind, die den Markt durchdringen, also indem ich durch die neuen Produkte Umsätze erziele. (BMBF 2014) (Abb. 6.1).

Oft entwickeln Unternehmen neue Varianten und verändern kleine punktuelle Dinge, die dann eher zu inkrementellen Innovationen führen, wo die Neuerungen eher klein sind. Die Entwicklung von Innovationen, die in der Entwicklung größere Sprünge machen, ergeben sich normalerweise auch Schritt für Schritt und schießen normalerweise nicht von einem auf das andere empor.

Bestehende Unternehmen können von neuen Entwicklungen überrascht werden, wenn insbesondere neue Marktteilnehmer auf den Markt treten und ggf. auch entscheidende Dinge anders machen.

In der täglichen Praxis zeigt sich oft in Gesprächen, dass das Verständnis und die Herangehensweise an Innovationen unterschiedlich ausgeprägt sind. Oft

Abb. 6.1 Innovationscode-Gesamtübersicht. (Eigene Darstellung)

werden die Unternehmen durch das operative Geschäft daran gehindert neue Themen hervorzubringen, da einfach die Kapazitäten fehlen. Darüber hinaus fehlen beispielsweise die Partner in Forschung und Entwicklung.

Eine entscheidende Rolle kann die Entwicklung von neuen Businessideen spielen. Denn wenn Unternehmen nicht über die Kapazitäten verfügen, um neue technische Innovationen hervorzubringen, dann können auch schon die Veränderung der Businessideen und das Auftreten im Markt zu entscheidenden Änderungen führen. Sogenannte nicht technische Innovationen ermöglichen gezielte Änderungen von Businessmodellen. Als Grundlage können das Business Canvas von Alexander Osterwalder oder der St. Galler Businessnavigator dienen (Gassmann et al. 2017).

Einige praxisorientierte Herangehensweisen für neue Businessideen kann das Benchmarking sein, wo finde ich gute Beispiele für gute Ideen, wie kann ich diese Ideen in neue Branchen überführen. Das Adaptieren, also die Übertragung in andere Businesszweige stellt einen weiteren Schlüsselfaktor dar. Darüber hinaus ist das Verbinden von unterschiedlichen Disziplinen ein weiterer Faktor, um neue Ideen zu generieren.

Im Endeffekt entstehen Entwicklungsprojekte, indem bestehende Erkenntnisse zu neuen Dienstleistungen und Produkten kombiniert werden. Dies müssen sich Unternehmen zu eigen machen und entweder bestehende Businessideen entscheidend verändern, oder durch Kombination von bestehenden Erkenntnissen neue Produkte oder Dienstleistungen hervorbringen.

So kann der Einsatz eines Selektors schon die Möglichkeit für ein Unternehmen bieten, sich von der Konkurrenz abzuheben, denn wenn ich dem Kunden z. B. die Möglichkeit biete unterschiedliche Müslisorten zu kombinieren und ggf. meine eigene Kreation hervorzubringen, also mein eigenes Müsli zu gestalten, entwickle ich ein Customizing und schaffe für den Kunden einen Mehrwert. Hierbei habe ich nicht unbedingt eine neue technische Innovation hervorgebracht. Der neue Ansatz kann im Markt schon für Aufmerksamkeit sorgen.

Bewährte Methoden wie das Business Canvas oder Lean Canvas, der St. Galler Businessnavigator ermöglichen die Strukturierung von Geschäftsmodellen und den kompakten Überblick (Gassmann et al. 2017; Maura 2013).

Darüber hinaus ermöglichen Methoden wie dem Design Thinking die Befragung von Kunden und meist die Optimierung von Produkten und Dienstleistung durch das iterative Vorgehen der Methodik.

Ziel dieses Buches soll es sein, Ihnen Herangehensweisen zu zeigen, um neue Businessideen zu finden und zu entwickeln. Wir setzen also mit dem sogenannten Innovationscode u. a. einen Schritt vor den oben beschriebenen Methoden an.

Der Innovationscode stellt also einen Ansatz dar, wie ich Businessideen angehe und welche praxisorientieren Vorgehensweisen ich nutzen kann, um Businessideen am Markt zu platzieren.

Im ersten Bereich „Vorgehensweisen- Businessideen finden" geht es insbesondere um erste Wege und Wegweiser, wie ich vorgehen kann, um eine neue Businessidee anzugehen. Die Vorgehensweisen können dann Unternehmen auf ihre Branchen anwenden.

Darüber werden im 2. Abschnitt in insgesamt 5 praxisorientieren Businessmechanismen gezeigt, wie Unternehmen auf Basis dieser Mechanismen an neue Businessideen kommen können. Im Bereich „Businessmechanismen- Businessideen finden" geht es also um den Transfer von guten Businesskonzepten in neue Ideen. Ziel ist auf Basis der Muster, eigene Ideen zu kreieren.

In einem dritten Bereich „Vorgehensweisen- Businessideen umsetzen" geht es um die zielorientierte Umsetzung der vorher gefundenen Ideen.

Der Innovationscode ist auf Praxisorientierung fokussiert und wird stetig weiterentwickelt.

Auch ist die Zielsetzung insbesondere Vorgehensweisen zu zeigen, die aus der jahrelangen Praxis entstanden sind. Dabei ist die Strategie nicht stringent bestimmten Methoden von A bis Z zu folgen, sondern sich die besten Dinge aus verschiedenen Ansätzen zu nutzen und mit praxisorientierten Ansätzen zu kombinieren, denn meist sind die Ansätze nicht 1 zu 1 übertragbar (Abb. 6.2).

In allen praxisorientierten Ansätzen, die ich verfolge, geht es um die stetige Anpassung und Weiterentwicklung von Ansätzen und nicht um die schlichte

Abb. 6.2 Einordnung Innovationscode zu anderen Methoden

Anwendung von Methoden! Darüber hinaus werden auf der Basis von Praxiswissen neue Modelle und Mechanismen entwickelt.

Darüber hinaus besteht der Fokus des Innovationscodes, beispielsweise Alleinstellungsmerkmale zu erarbeiten, die es einem Unternehmen ermöglicht, nicht schnell kopierbar zu sein. Hierbei kann es sinnvoll sein, beispielsweise Praxiswissen zu sammeln und zu strukturieren und auch das Wissen im Unternehmen, insbesondere von langjährigen Mitarbeitern intern zugänglich zu machen und zu erhalten.

Zudem spielt es eine Rolle, dass die Unternehmen eine Community aufbauen, die nicht so einfach für den Wettbewerb darstellbar ist.

Auch könnten feste Kooperationen zu entscheidenden Partnern des Marktes eine wesentliche Rolle spielen.

Daneben ist es wichtig, einen Wiedererkennungswert aufzubauen, indem im Markt eine starke Marke aufgebaut wird. Zudem können z. B. Lizenzen, Patente usw. die Möglichkeit schaffen, sich im Markt abzuheben. Das so etwas auch für nachgelagerte Unternehmen in der Lieferkette notwendig ist, zeigt sich am Beispiel der Kunststoffbranche, denn hier sind im starken Wettbewerb insbesondere die Verarbeiter ersetzbar und müssen sich im Markt durch Alleinstellung behaupten. Diese Wettbewerbsvorteile werden in nachfolgenden Kapiteln erörtert.

In diesen Kapiteln soll es also darum gehen, welche grundsätzlichen Philosophien es gibt, um sich neuen Businessideen zu nähern. Wie verbinde ich verschiedene Methoden, wie kann ich bewusst schnell starten, auf was muss ich als Unternehmen dann achten. Wie kann ich mich regelmäßig verbessern, denn es gibt nie das perfekte Produkt. Stimmen die Kundenwünsche mit meinen Kunden überein, insbesondere auch das, was der Kunde bereit ist zu zahlen. Wie erziele ich also meinen perfektem Businessmatch!

Zudem stelle ich auf der anderen Seite praxisorientierte Businessmechanismen vor, die durch regelmäßigen Praxisergänze entstanden sind, wo laufen Businessideen gut, wo können Muster erkannt werden, die wir auf andere Businessbereiche überführen können. Wie oben angedeutet, entwickeln sich diese Mechanismen immer weiter und neue Muster ergeben sich.

Ziel soll es sein, dass Sie sich die Muster zu eigen machen, indem Sie beispielsweise überlegen, wie sie private Kapazitäten kommerziell nutzbar machen, wie es beispielsweise bei Autos oder Zimmern schon gemacht wird, in welche Bereiche könnte ich die Vorgehensweise überführen.

Um die Praxisorientierung noch zu unterstreichen, werde ich neben allgemein gültigen Beispielen, auch immer den Fokus auf einen exemplarischen Industriebereich legen, z. B. der Kunststoffbranche, die wiederum in einer Vielzahl von weiteren Branchen mündet, z. B. Automotive, Elektro. Diesbezüglich gibt es nachfolgend eine Einführung in die Strukturen der Kunststoffbranche. Auch diese Strukturen können wiederum gut in andere Bereiche adaptiert werden.

6.1 Das Beste aus allen Welten: Erfahrungen aus der Sicht eines Innovationsnetzwerkes

Meine Tätigkeit bei der Arbeitsgemeinschaft industrieller Forschungsvereinigungen (AiF) begann ich im Jahr 2010. Im Jahr 2012 übernahm ich die Geschäftsführung einer Tochtergesellschaft des AiF e. V. Im Rahmen dieser Tätigkeit bekam ich eine Vielzahl von Einflüssen und Perspektiven mit. Die AiF ist ein einzigartiges Netzwerk mit über 50.000 Unternehmen. Der Schwerpunkt der AiF ist die Industrielle Gemeinschaftsforschung (IGF). Dies ist wiederum eine Fördermaßnahme des Bundesministeriums für Wirtschaft und Energie (BMWI). Gegründet wurde diese Organisation im Jahr 1954.

Die Zielstellung war schon von Anfang an, insbesondere die kleinen und mittelständischen Unternehmen zu unterstützen. Je nach unterschiedlichen Definitionen werden mittelständische Unternehmen z. B. mit 500 Mitarbeitern und 50 Mio. € als KMU abgegrenzt. Die AiF zieht die Grenze erst bei 125 Mio. € Umsatz (IfM 2018).

Der Fokus liegt deswegen bei der AiF insbesondere auf den mittelständischen Unternehmen, da hier oft diverse Innovationshemmnisse vorliegen, wie dem zu hohen Finanzbedarf oder den fehlenden personellen Ressourcen. Die industrielle

Gemeinschaftsforschung soll genau hier ansetzen und wie das Wort schon sagt die Gemeinschaft, also die Kooperation fördern, so finden heutzutage jährlich über 1500 laufende Projekte zu Innovationsthemen statt. Das Interessante hierbei ist, dass Projekte aus allen Bereichen der Industrie zustande kommen können. Von der Antriebstechnik über die Ernährungsindustrie, vom Kunststoffbereich über den Maschinenbau bis hin zum Kalk-Mörtel oder der Ziegelindustrie!

Koordiniert werden diese Projekte von sogenannten Forschungsvereinigungen, diese verfügen teilweise über eigene Forschungsinstitute und teilweise bedienen sie sich bei Hochschulen und außeruniversitären Forschungseinrichtungen.

Darüber hinaus agiert die AiF mit Ministerien, um regelmäßig die Fördermaßnahmen weiterzuentwickeln und ist stets aktiv, was die öffentliche und politische Wahrnehmung angeht. Auch wird die Zusammenarbeit mit Verbänden und Multiplikatoren angestrebt.

Deutlich in dieser Betrachtung wird, dass die AiF eine Schnittstelle zu diesen unterschiedlichen Stakeholder-Gruppen ist. Die verschiedenen Stakeholder haben unterschiedliche Sichtweisen und Zielstellungen auf das Innovationssystem, welche ich ihnen im Nachfolgenden hier am Beispiel Hochschule und in den nachfolgenden Kapiteln ausführlich aus den verschiedensten Perspektiven einmal aus meiner persönlichen Wahrnehmung vorstellen möchte.

Hochschulen: Grundsätzlich ist der Fokus auf bestimmte Forschungsschwerpunkte gerichtet, die insbesondere durch die Hochschulprofessoren und deren Leitung initiiert werden. Hierbei besteht insbesondere das Interesse nach Publikationen, Abschluss- und Doktorarbeiten sowie der wissenschaftlichen Strahlkraft.

Zu unterscheiden sind hierbei die Universitäten und Fachhochschulen. Während Universitäten schon von je her den Fokus auf die Forschung richteten, war der Mittelpunkt der Fachhochschulen früher die Lehre. Dies hat sich aber stark gewandelt und die Fachhochschulen zeichnen sich durch anwendungsorientierte Forschung aus, welche wiederum insbesondere den kleinen und mittelständischen Unternehmen zugutekommt.

Zumal die FHs auch meist noch in der Nähe von ländlichen Regionen liegen, wo wiederum gerne KMUs angesiedelt sind. Universitäten zeichnen sich insbesondere durch exzellente Grundlagenforschung aus. Grundsätzlich ist es das Ziel auf Landes- und Bundesebene, noch stärker den Forschungstransfer zu fördern. Das heißt, wie bringe ich wissenschaftliche Ergebnisse in die Unternehmen.

Oft werden Fördermaßnahmen, darauf ausgerichtet, dass Unternehmen und Hochschulen kooperieren. Hierbei sollte aus meiner Sicht noch stärker die Marktorientierung gefördert werden und Tools und Möglichkeiten geschaffen werden, um noch stärker die Bedarfe der mittelständischen Unternehmen zu erkennen und ein besseres Matching hinzubekommen, zwischen mittelständischen Bedarf und wissenschaftlicher Orientierung.

Eine Unterstützung hierbei bieten die Transferstellen der Hochschulen, die das Bindeglied zwischen Wirtschaft und Hochschulen darstellen sollen. Zukünftig könnte hierbei noch stärker der unternehmerische Blick seitens der Transferstellen gefördert werden, indem z. B. ein Rollenwechsel zwischen Hochschule und Unternehmen gefördert wird.

6.2 Innovationsmanagement aus Sicht der Branche Kunststoff

Die Kunststoffindustrie steht im Wandel. Neben den globalen Einflüssen und dem damit verbundenen Wettbewerb stehen verschiedene Branchen, die für die Kunststoffindustrie eminent wichtig sind, vor drastischen Umbrüchen.

So ist beispielsweise die Automobilindustrie aktuell in einem starken Wandel und Veränderungsprozess, wenn es um die Entwicklung neuer umweltfreundlicher Antriebe geht. Hier spielt insbesondere die E-Mobilität eine wichtige Rolle. So hat der Vorstandsvorsitzende der Volkswagen AG sich klar zur E-Mobilität positioniert und einen drastischen Umbruch eingeläutet. Zudem wird das Thema durch die „Fridays for future"-Bewegung und den „Dieselskandal" noch angeheizt (Tagesspiegel 2019).

Die kunststoffverarbeitende Industrie liefert Bauteile bzw. Produkte für den Interieur und den Exterieur-Bereich des Autos wie beispielsweise Ölwannen, Tanks, Blenden. Durch die Neuentwicklungen in der Autoindustrie ändern sich auch die Anforderungen für die Zulieferer und die Kunststoffverarbeiter enorm. So ändern sich die Bauteile/Produkte in einem Auto, weil beispielsweise für die Batterie eines E-Autos eine andere Verkleidung benötigt wird und der Motorraum sich von dem eines Verbrenner-Autos erheblich unterscheidet.

Neben der Automobilbranche ist auch der Verpackungsbereich ein wichtiger Markt für die Kunststoffindustrie, auch dieser Bereich steht aufgrund der Diskussion über die Vermüllung der Weltmeere und der „Fridays for Future"-Bewegung stark unter Druck. In der öffentlichen Wahrnehmung werden insbesondere die Verpackungen mit dem grundsätzlichen Kunststoffbereich assoziiert und es ergibt sich somit ein negatives Image für die gesamte Branche.

Dabei sind Kunststoffe vielfältig und werden wie beschrieben beispielsweise als technische Bauteile in Form von Blenden in Autos eingebracht, wo diese Produkte lange Haltbarkeitszeiten haben. Kunststoffe sind auch Bestandteil von Faserverbundwerkstoffen, die ein erhebliches Leichtbaupotenzial haben und somit ressourcenschonend eingesetzt werden und damit durchaus umweltfreundliche Effekte erzielen.

Eine einseitige Betrachtung und Reduzierung auf die negativen Effekte greifen somit zu kurz, wie die oben beschriebenen Beispiele deutlich machen.

Zudem gibt es für den Verpackungsbereich aufgrund von neuen Gesetzgebungen wie dem neuen Verpackungsgesetz und den Regulierungen für Mülltüten in Geschäften weitere Einschnitte. Für die Unternehmen aus dieser Branche sind zukünftig neue Innovationen und nachhaltige Geschäftsmodelle enorm wichtig, da ein Umdenken in der Gesellschaft deutlich zu erkennen ist.

Jedoch treten bei Unternehmen, insbesondere bei kleinen und mittelständischen Unternehmen Innovationshemmnisse auf. So fehlen den Unternehmen die personellen und finanziellen Ressourcen. Darüber hinaus sind die Risiken für die Umsetzung und die Etablierung am Markt zu hoch, oft fehlt zudem die Infrastruktur. Ein Schlüssel hierbei kann die Zusammenarbeit mit anderen Unternehmen, Start-ups oder Forschungseinrichtungen sein, um die Synergien und die interdisziplinären Fähigkeiten zu nutzen (IHK 2014).

Andere Branchen wie zum Beispiel die Medizintechnik ermöglichen Chancen für die kunststoffverarbeitende Industrie. Neben alltäglichen Produkten wie Kanülen und Spritzen können beispielsweise durch 3-D Druck gefertigte Produkte wie z. B. individuelle Prothesen neue Marktchancen geboten werden.

Die oben beschriebenen negativen Entwicklungen zeigen sich auch in den Wirtschaftszahlen am Beispiel des Jahres 2019 für die Unternehmen im Bereich „Kunststoffverarbeitung. So ging der Geschäftsklimaindex im 2. Quartal 2019 drastisch nach unten mit ca. −12,4 %. Die Kapazitätsauslastung betrug nur noch 77,4 % (Kunststoffe 2019).

Neben den wirtschaftlichen Kennzahlen am Beispiel des Jahres 2019 der Kunststoffverarbeitung zeichnet sich für die gesamte Industrie konjunkturelle Schwankungen ab.

In der Zukunft kommt es deswegen immer mehr darauf an, die neuen Anforderungen der Kunden frühzeitig zu verstehen, neue Branchen, Megatrends und neue Technologien zu entdecken und frühzeitig Umsatzeinbußen zu erkennen. Die Entwicklung von neuen Produkten, Dienstleistungen, Formteilen sowie Geschäftsmodellen spielen hierbei eine wichtige Rolle sowie die Etablierung von neuen Technologien.

Dabei stehen Unternehmen vor diversen Herausforderungen, um diese Innovationen umzusetzen. Es fehlen wie oben beschrieben die finanziellen und personellen Kapazitäten sowie die Infrastruktur und Impulse für die Entwicklung solcher neuen Produkte.

Nachfolgend werden neben der Struktur der Kunststoffbranche insbesondere Megatrends und Innovationen für die Branche und Best-Practice Beispiele beschrieben und Handlungsempfehlungen abgeleitet. (Krause 2020)

6.3   Branchenbesonderheiten am Beispiel Kunststoff/Automotive

Struktur der Kunststoffbranche

Das Netzwerk des Kunststoff-Instituts Lüdenscheid umfasst 400 Unternehmen, sowohl kleine und mittelständische Unternehmen als auch große Unternehmen. Dieses Netzwerk beinhaltet Unternehmen entlang der gesamten Wertschöpfungskette in der Kunststoffindustrie und beschreibt beispielhaft die Struktur der Branche.

Die Kunststoffhersteller sind meist große internationale Konzerne, die Kunststoffe produzieren und an kunststoffverarbeitende Unternehmen Kunststoffe liefern. Die kunststoffverarbeitenden Unternehmen setzen dann die Anforderungen ihrer Auftraggeber um.

Hierbei handelt es sich im Regelfall um ein Business to Business (B2B) Geschäft, beispielsweise bestellt ein großer Hersteller (OEM) bestimmte Halbzeuge, wie Stäbe, Platten oder Rohre oder fertige Produkte wie beispielsweise, Fenster, Spielzeug oder Gartenmöbel.

Eine Vielzahl von kunststoffverarbeitenden Unternehmen stellen Ihre Maschinenkapazitäten und Knowhow sowie etablierte Prozesse und Qualitätsstandards bereit und fertigen nach Auftrag Halbzeuge und Formteile/Produkte („Dienstleister"). Andere Unternehmen stellen die Produkte in Eigenregie her und vertreiben sie B2B an diverse Hersteller.

Die Kunststoffverarbeiter wenden unterschiedliche Verfahren an, um Kunststoffe zu verarbeiten. Ein Bespiel für ein solches Verfahren ist das Spritzgießen.

Das Granulat wird in einen fließfähigen Zustand gebracht und über mehrere Schritte in ein Werkzeug geführt, durch die diversen Prozesse resultiert am Ende ein festes Formteil/Produkt. Die Vorteile des Spritzgießens sind u. a. der direkte Weg zum fertigen Formteil/Produkt und meist sind nur geringe Nachbehandlungen erforderlich. Zudem handelt es sich um automatisierte Prozesse und es besteht die Möglichkeit der Fertigung von großen Losgrößen.

Die Maschinenbauer, die u. a. Spritzgussmaschinen herstellen, stellen somit weitere Marktplayer im Kunststoffbereich dar, gleiches gilt für die Hersteller von Zubehör rund um den Spritzgussprozess. So gibt es Formteilgeber und Werkzeugbauer, die insbesondere für die Entwicklung neuer Produkte/Formteile neue Werkzeuge bauen und prüfen welche Konstruktionsmöglichkeiten es gibt und ob diese mit den Anforderungen des Kunden übereinstimmen. Darüber hinaus gibt es Anbieter für die Peripherie, Temperierung, Wartung, Oberflächenveredelungen, und vieles mehr.

Das Netzwerk des Kunststoff-Instituts bildet die gesamte Wertschöpfungskette der Kunststoff-Industrie ab. Von Rohstofflieferanten, zu Werkzeugbauern, Kunststoffverarbeitern, über Maschinenlieferanten bis hin zu den Produktherstellern – der Fokus der Branche in dieser Betrachtung basiert hierbei auf dem Material Kunststoff. Doch neben der reinen Sicht auf das Material, können Branchen auch aus anderen Perspektiven betrachtet werden. So kann der Verarbeitungsprozess eine Rolle spielen, wie z. B. die Verarbeitung von Kunststoff über ein Spritzgussverfahren. Alternativ können Kunststoffe (z. B. bei Halbzeugen) in Extrusionsverfahren oder Hohlformen im Blasverfahren produziert werden.

Darüber hinaus können Märkte betrachtet werden, die den Fokus auf dem Enderzeugnis, also dem Endprodukt oder auf Dienstleistungen haben, beispielsweise die Automotive-Branche, Haushaltswaren oder Verpackungen.

Einige Merkmale der verschiedenen Gruppen der klassischen Wertschöpfungskette finden Sie in den nachfolgenden Ausführungen:

Werkzeugbauer sind tendenziell kleine Unternehmen, die eine langfristige Kundenbeziehung zu ihren Kunden pflegen. Bei den Kunden handelt es sich in der Regel um Kunststoffverarbeiter. Meist ist der Fokus auf eine Branche gerichtet, z. B. Werkzeuge für den Automotive-Bereich. Aufgrund der langfristigen Kundenbeziehungen sind die Abläufe und Strukturen klar definiert.

Die Merkmale in Abb. 6.3 beschreiben generell Werkzeugbauer.

Kunststoffverarbeiter übernehmen Aufträge oft als Lohnfertiger. Das heißt, sie fertigen im Auftrag von Herstellern. Die Werkzeuge werden von den Herstellern erworben. Die Kunststoffverarbeiter stellen ihre eigenen Werkzeugbauer oder arbeiten mit externen Firmen zusammen. Die Artikelzeichnungen und Materialanforderungen werden von den Herstellern vorgeben.

Die Lohnfertiger müssen sich auf Kostenoptimierungen konzentrieren (Wartungen, Energiekosten, Material/Ausschuss, Personal etc.). Darüber hinaus gibt es Kunststoffverarbeiter, die bei der Produktentwicklung unterstützen oder auch eigene Produkte fertigen. Andere zeichnen sich z. B. durch bestimmte Oberflächenbehandlungen aus. Die Entwicklungen sind auftragsgetrieben durch Akteure von verlagerten Wertschöpfungsketten.

Die Merkmale in Abb. 6.4 beschreiben generell Kunststoffverarbeiter.

Zu den Kunststoffherstellern zählen Unternehmen, die beispielsweise Faserverbundwerkstoffe produzieren. Das sind Gemische, die aus Fasern (Glas, Kohlenstoff) bestehen und deren Matrix sich aus Elastomeren und Thermoplasten zusammensetzt.

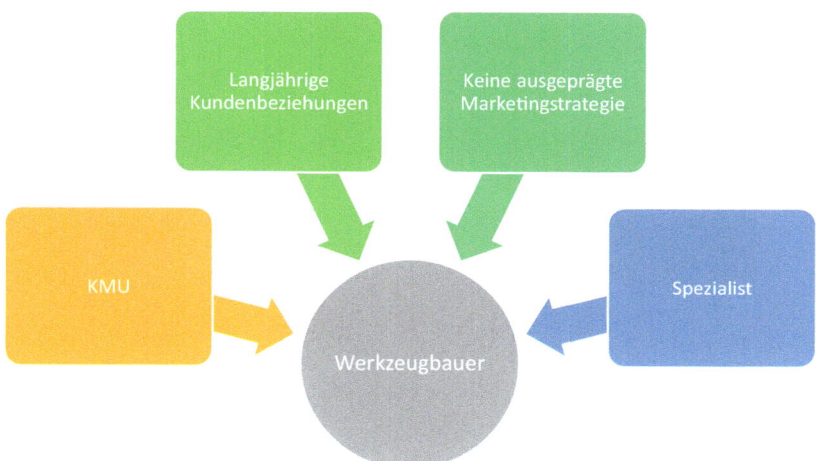

Abb. 6.3   Werkzeugbauer. (Eigene Darstellung)

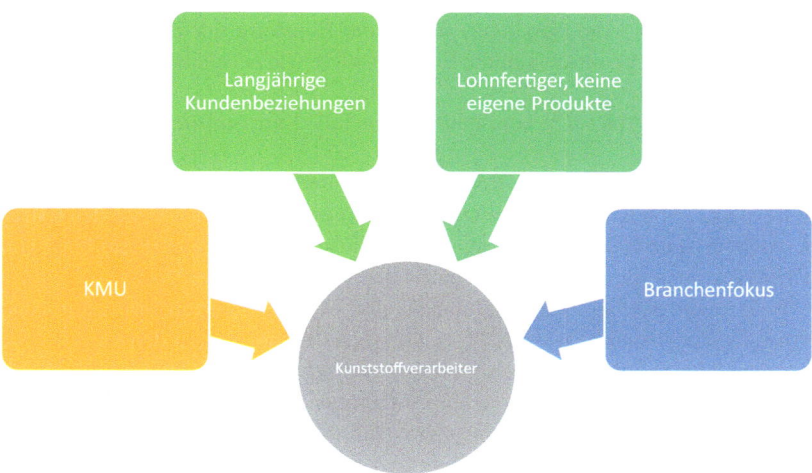

Abb. 6.4   Kunststoffverarbeiter. (Eigene Darstellung)

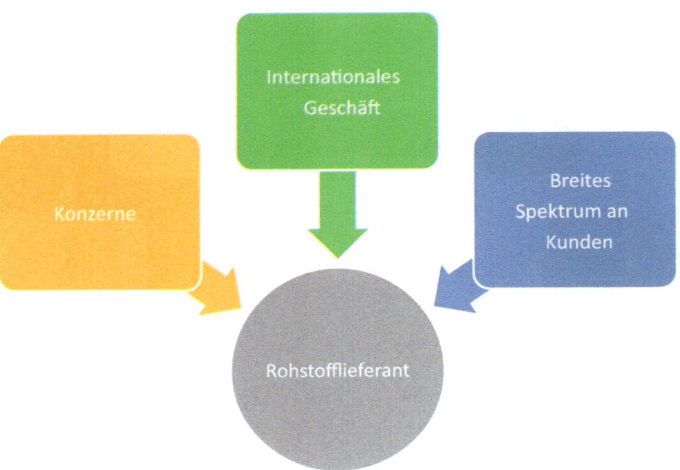

Abb. 6.5 Rohstofflieferant. (Eigene Darstellung)

Dem folgen die Compoundierer, welche die Rohstoffe mit Zusatzstoffen entsprechend anreichern, um bestimmte Eigenschaften, wie beispielsweise Wärmeleitfähigkeit, zu erfüllen.

Merkmale in Abb. 6.5 beschreiben generell Kunststoffhersteller/Rohstofflieferanten.

Maschinenbauer sind in der Regel größere mittelständische Unternehmen, die ihren Fokus beispielsweise auf Spritzgussmaschinen legen. Ebenfalls werden Extruder auch in speziellen Formen angeboten, die dann neben der Erstellung von Halbzeugen auch für die Mischung von Material eingesetzt werden.

Im Bereich der Spritzgussmaschinen gibt es eine Vielzahl von nationalen Anbietern. Zudem strömen zusätzlich internationale Anbieter auf den Markt.

Neben dem Fokus auf der Verbesserung der Maschinen, richten sie den Blick auf weitere Geschäftsmodelle, wie den Aufbau von digitalen Modellen. Das kann geschehen in Form von Plattformen die Wartungsintervalle anzeigen und über die sich Unternehmen miteinander vernetzen, oder indem sie über soziale Kanäle Kunden bedienen, bis hin zur Fernwartung.

Darüber hinaus gibt es Förderthemen, wie z. B. die Energieeffizienz. Die Beratung zu diesen Themen ist dann inklusive. Zudem werden Schulungen angeboten und Netzwerke zu Fachthemen aufgebaut.

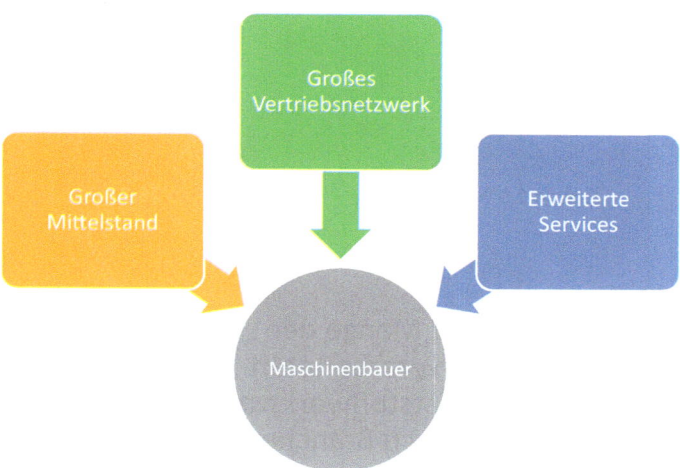

Abb. 6.6   Maschinenbauer. (Eigene Darstellung)

Die Merkmale in Abb. 6.6 beschreiben generell Maschinenbauer mit Kunststoff-Hintergrund.

Bei den Unternehmen, die Zubehör im Bereich Kunststoff anbieten, geht es beispielsweise um die Ausstattung der Spritzgussmaschinen, um z. B. Angüsse zu vermeiden, in Form von Heißkanalsystemen (Materialeinsparungen), Schmierstoffen, Schütt- und Trocknungssystemen, Schäumsytemen, Bestandteilen wie Schnecken etc. bis hin zur Robotik.

OEMs mit Kunststoffbauteilen sind beispielsweise Unternehmen, die in Form von Schaltersystemen Ihre eigenen Marken haben und diese über den Handel (z. B. Baumärkte) vertreiben.

Die Vielfältigkeit der Unternehmen mit ihren verschiedenen Funktionen zeigt das hohe Potenzial dieser Branche. Eine Studie des Gesamtverbandes der Deutschen kunststoffverarbeitenden Industrie unterstreicht diese Bedeutung. So werden Kunststoff-Halbzeuge und -Produkte in den unterschiedlichsten Branchen eingesetzt.

Ca. 30 % im Bereich der Verpackungen, 24 % im Baubereich, 11 % im Fahrzeugbereich, gefolgt von ca. 6 % im Elektrobereich, 4 % Landwirtschaft und 3 % Haushaltswaren, 3 % Möbel sowie 2 % Medizintechnik (GKV 2019) (Abb. 6.7).

Die Automotive zeichnet sich aus durch hohe Stückzahlen und einer Vielzahl von Bauteilen mit Kunststoffanteilen aus. Jedoch nahm in den letzten Jahren der

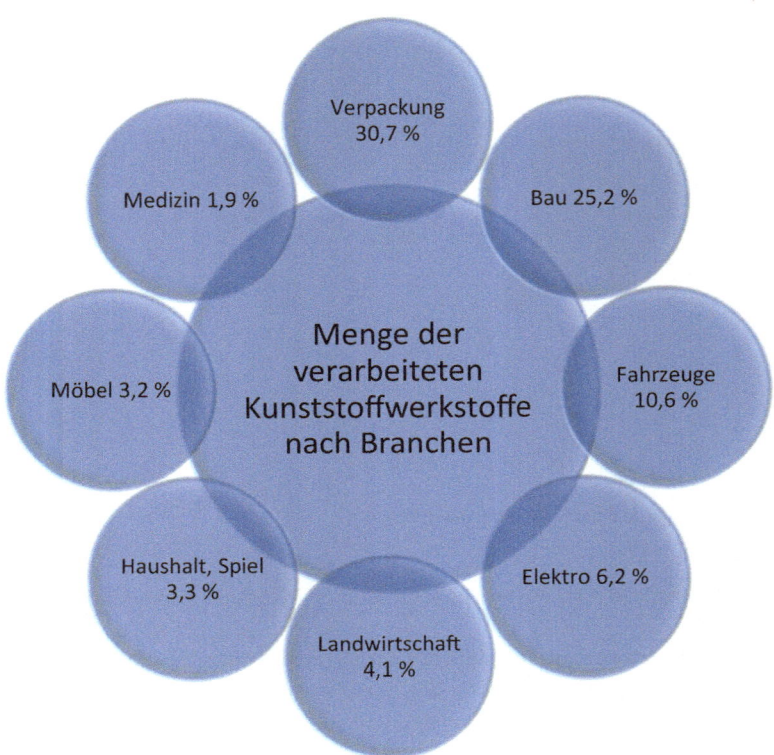

Abb. 6.7 Menge der verarbeiteten Kunststoffwerkstoffe nach Branchen. (Eigene Darstellung, Daten-Quelle: GKV)

Druck enorm zu. Der Hintergrund ist auf der einen Seite der Trend zu alternativen Antriebssystemen und die unterschiedliche Herangehensweise der Hersteller mit den neuen Herausforderungen sowie die politische Ausrichtung und den damit verbundenen Folgen.

Die Vorteile für die Kunststoffverarbeiter in der Branche sind hohe Stückzahlen, da es sich um Massenprodukte handelt, meist verbunden mit langfristigen Verträgen, die eine gewisse Planungssicherheit gewährleisten. Jedoch kann die Produktion je nach konjunktureller Lage sehr stark schwanken und somit zu starken Problemen bei den kunststoffverarbeitenden Firmen führen.

Abb. 6.8 Automobil-Branche- Wertschöpfungskette. (Eigene Darstellung, vereinfacht dargestellt)

Darüber hinaus herrscht ein enormer Kostendruck auf den Verarbeitern aufgrund der internationalen Vergleichbarkeit und der damit verbundenen steigenden Konkurrenz (Abb. 6.8).

So lassen sich Bauteile, z. B. in Osteuropa oder Asien, durch günstigere Rahmenbedingungen (Lohn, Miete, usw.) preiswerter fertigen. Auch, wenn die Standards für diese Branche weitreichend sind und für die Bauteile eine hohe Präzision erforderlich ist.

Vereinfachend, mit dem Fokus auf Kunststoffbauteile im Automotive-Bereich/ Spritzguss, beginnt die Wertschöpfung neben der Materialbeschaffung bei der Artikel- und Werkzeugkonstruktion. Hierzu bauen Werkzeugbauer ein Spritzgusswerkzeug, welches meist durch einen Kunststoffverarbeiter beauftragt wird. Dem OEM wird das Werkzeug über den Verarbeiter oder dem Tier 1–3 (Tier – die Bezeichnung steht für Netzwerkebene, Engl.) angeboten. Die Verarbeiter liefern meist einzelne Komponenten an die Systemanbieter (T1–T3).

Die Systemanbieter sind für unterschiedliche Bereiche des Autos zuständig z. B. Cockpit, Lenkung.

Am Ende steht der OEM, der die Komponenten zusammenbringt, fertige Autos herstellt und wiederum über seine Händler vertreibt.

Am Beispiel der Branche zeigt sich, dass der Industriebereich, hier am Beispiel Kunststoffe, massive Umbrüche erlebt, um die Unternehmen langfristig wettbewerbsfähig zu machen, bedarf es Innovationen, neue Geschäftsmodelle sowie Wettbewerbsvorteile. Die nachfolgenden Kapitel zeigen Möglichkeiten auf, wie sich Unternehmen aus dem Industriebereichen und anderen Bereichen neue Impulse holen können. (Krause 2021)

Vorgehensweisen bei der Ideenfindung: Wie finde ich Businessideen und Projekte?

Sich neuen Businessideen zu nähern und sie umzusetzen, kann durch unterschiedliche Vorgehensweisen erreicht werden. Im Rahmen der langjährigen Praxis haben sich bei der Vorgehensweise einige praxisorientierte Ansätze gezeigt, die für die Businessideenfindung und -umsetzung hilfreich sein kann (Abb. 7.1).

Vorgehensweise – Businessideen finden
Folge dem Weg der beschriebenen Vorgehensweise und wende sie auf deine Branche an

Vorgehensweisen- Businessideen finden, Eigene Darstellung

© Der/die Autor(en), exklusiv lizenziert an Springer Fachmedien Wiesbaden GmbH, ein Teil von Springer Nature 2023
M. B. Krause and W. Mayer, *Der Innovationscode*,
https://doi.org/10.1007/978-3-658-41769-7_7

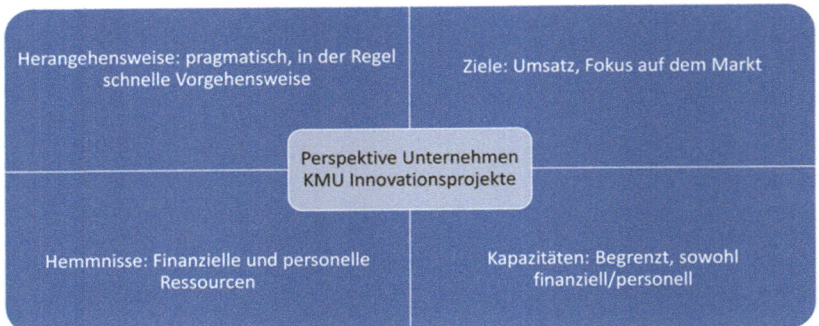

Abb. 7.1 Perspektive Unternehmen KMU/Innovationsprojekte. (Eigene Darstellung)

7.1   Verschiedene Perspektiven: Berater, Ministerien sowie Projektherangehensweise

Um Projekte zu initiieren, bedarf es unterschiedlicher Partner. Wie oben auch schon angedeutet, können Kooperationen für Innovationen und neue Business-modelle entscheidend sein. Hierbei können Partnerschaften entstehen zwischen unterschiedlichen Stakeholdern, beispielsweise Unternehmen, Konzernen und mittelständischen Unternehmen sowie zu Hochschulen, Beratungsunternehmen, Ministerien und öffentlichen Stellen.

Die unterschiedlichen Stakeholder haben unterschiedliche Interessen an sol-chen Projekten und gucken aus verschiedenen Perspektiven drauf. Je nach Zielstellungen können hier auch Zielkonflikte entstehen.

In den nachfolgenden Beschreibungen sollen die unterschiedlichen Perspek-tiven genauer erläutert werden, beispielsweise in der Vorgehensweise, wie an Innovationsprojekte herangegangen wird. Welche Zielstellungen und ggf. wel-che Zielkonflikte vorliegen. Welche Hemmnisse bei solchen Projekten eintreten können und welche Kapazitäten vorliegen.

Unternehmen, insbesondere mittelständische Unternehmen haben für Innova-tionsprojekte wenig Ressourcen, sodass Personal- und Finanzkapazitäten knapp sind, darüber hinaus spielen die hohen Risiken eine große Rolle, sodass genau abgewogen wird, ob ein Projekt umgesetzt wird.

Der Zugang zu Zuschüssen kann die Bereitschaft erhöhen, da das finanzielle Risiko gemindert wird. Mittelständische Unternehmen und insbesondere kleine

Unternehmen haben einen besonderen Fokus darauf, was bei den Projekten rauskommt und welcher Nutzen es für das Unternehmen entsteht. Können neue Kunden angesprochen werden, oder bieten wir den bestehenden Kunden etwas. Welche zukünftigen Umsätze sollen durch die Projekte erzielt werden, wie groß ist der Markt (Abb. 7.2).

Bei Konzernen spielen die oben beschriebenen wirtschaftlichen Fragestellungen auch eine Rolle, aufgrund der erheblich größeren Strukturen und Möglichkeiten kann es im Vergleich zu kleineren Unternehmen eine Vielzahl von Entscheidungsträgern und Meinungsführern geben, die ein Projekt fördern oder es aber auch ablehnen.

Zudem werden Kooperationen bei kleinen Unternehmen eher pragmatisch angegangen und die Vereinbarungen eher zeitnah abgeschlossen. Bei Kooperationen mit Konzernen kann es aufgrund der bestehenden Strukturen und meist eigenen Rechtsabteilungen zu Verzögerungen kommen (Abb. 7.2).

Start-ups hingegen sind im Rahmen von Kooperationen auf einen schnellen Abschluss fokussiert, sodass es hier zu Zielkonflikten führen kann. Das Interesse sind insbesondere die Vertriebswege, der Zugang zu Early Adoptern und Kooperationspartnern (Abb. 7.3).

Hochschulprofessoren und deren Mitarbeiter beteiligen sich an FuE und Innovationsprojekten. Die Zielstellung ist meist eine andere im Vergleich zu Unternehmen. Universitäten legen einen starken Schwerpunkt auf ihre Forschungsschwerpunkte.

Meist initiieren sie proaktiv Projekte und suchen sich entsprechende Partner. Im Rahmen von Auftragsforschung sind oft größere Unternehmen involviert.

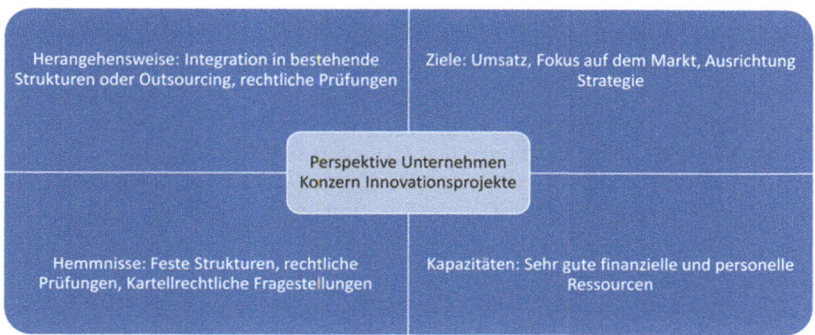

Abb. 7.2 Perspektive Unternehmen/Innovationsprojekte. (Eigene Darstellung)

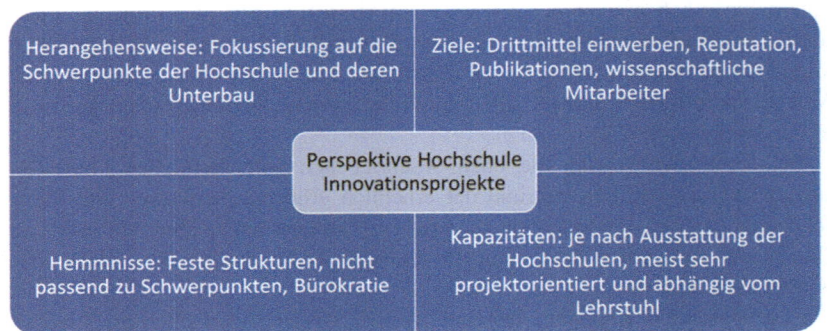

Abb. 7.3 Perspektive Hochschulen Innovationsprojekte. (Eigene Darstellung)

Grundsätzlich ist der Fokus auf die Einwerbung von sogenannten Drittmitteln gerichtet. Das sind Mittel, die über Zuschüsse von Land, Bund oder EU eingeworben werden können, oft auch in Kooperationen mit anderen Hochschulen und Unternehmen.

Auch die weiteren Zielstellungen sind im Vergleich zu Unternehmen unterschiedlich. Hier kommt es z. B. auf strategische Ausstattung der Hochschulen mit Infrastruktur z. B. Maschinen an. Auch sollen die Ergebnisse möglichst veröffentlich werden und ggf. auch Patente entstehen. Darüber hinaus kann auch der Personalaufbau eine Rolle spielen.

Einen Unterschied zwischen Fachhochschulen und Universitäten zeigt sich durch die unterschiedlichen Rahmenbedingungen. Fachhochschulen haben in der Regel nicht so einen starken Unterbau an wissenschaftlichen Mitarbeitern.

Die Entwicklung zeigt jedoch, dass Fachhochschulen ihre Forschungsaktivitäten ausbauen. Insbesondere für kleine und mittelständische Unternehmen können die Fachhochschulen interessante Partner sein, da sie einen starken Fokus auf die anwendungsorientierte Forschung legen und somit den Schwerpunkt auf Innovationen, also neuen Produkten und Dienstleistungen legen.

Grundsätzlich können bürokratische Prozesse und die Verfügbarkeiten von Personal dazu führen, dass proaktiv gesteuerte Projekte von Unternehmen nicht umgesetzt werden können. Ziel sollte es jedoch aus meiner Sicht sein, dass insbesondere Innovationsprojekte von den Unternehmen initiiert werden, da hier meist ein besserer Überblick über den Markt vorliegt und die oben beschriebenen Zielstellungen der Unternehmen fokussiert sind auf eine erfolgreiche Marktetablierung (Abb. 7.4).

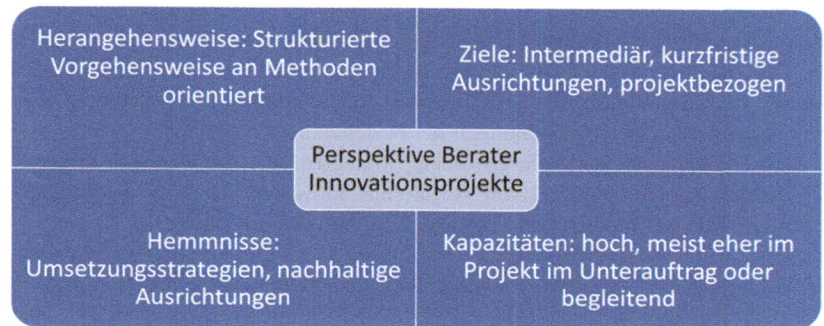

Abb. 7.4   Perspektive Berater Innovationsprojekte. (Eigene Darstellung)

Im Rahmen von Innovationsprojekten treten auch immer wieder Berater auf, die als Dienstleister für Unternehmen fungieren. Hierbei unterstützen Unternehmensberater z. B. bei der Ideenstrukturierung oder Finanzierung im Rahmen von Zuschüssen.

Unternehmensberater haben in der Regel sehr gute methodische Ansätze und einen Überblick über verschiedene Märkte. Die Ziele beziehen sich auf das aktuelle Projekt des Kunden. Mögliche Hemmnisse können entstehen durch fehlende Umsetzungsmaßnahmen (Abb. 7.5).

Abb. 7.5   Perspektive Ministerien Innovationsprojekte. (Eigene Darstellung)

Auf den verschiedenen Ebenen treten im Rahmen von Innovationsprojekten oder in den grundsätzlichen strategischen Ausrichtungen öffentliche Stakeholder auf, die hier beispielhaft auf die Ministerien bezogen sind. Landes- und Bundesministerien haben ihre verschiedenen Ausrichtungen, deren Schwerpunkte basieren meist auf den Zielstellungen der bestehenden Regierungen.

Hier ergeben sich auch übergeordnete Strategien, wie die Hightech-Strategie des Bundes, die eine Vielzahl von Megatrends adressiert, wie z. B. die Konnektivität oder die der individuellen Medizin (Zukunftsinstitut 2019).

Die Ziele sind neben den parteipolitischen Ausrichtungen, insbesondere die Förderung von Unternehmen, besonders der kleinen und mittelständischen Unternehmen, um die bestehenden Innovationshemmnisse z. B. Personal- und Finanzressourcen zu reduzieren und somit die Unternehmen zu motivieren die Risiken einzugehen.

Ein Problem im Rahmen von Zuschussprogrammen stellen meist die bürokratischen Hürden dar, weil aufgrund von Steuergeldern hier eine Vielzahl von Regelungen getroffen werden müssen. Neben dem Gebot der Wirtschaftlichkeit und Sparsamkeit sind das z. B. die klare Festlegung von Schwerpunkten, die Eingrenzung der Zugriffe, die generelle Projektantragsstellung und die Projektadministration.

Die zur Verfügungstellung von Budgets für solche Förderprogramme hängt auch hier von den strategischen Zielsetzungen der Regierungen ab.

Förderprogramme wie das Zentrale Innovationsprogramm Mittelstand und die Forschungszulage sind mit sehr hohen Budgets ausgestattet. Jedoch kommt es sowohl auf Landesebene als auch auf Bundesebene vor, dass die Mittel stark begrenzt sind und gerade bei attraktiven Fördermaßnahmen schnell ausgeschöpft sind, was wiederum dann im Nachgang zu Akzeptanzproblemen führen kann.

Je nach unterschiedlicher Perspektive können also Innovationsprojekte angegangen werden. Für Unternehmen ist es wichtig, im Rahmen von neuen Projekten, diese Perspektiven zu verstehen, um mögliche Synergien zu nutzen und Zielkonflikte zu vermeiden.

7.2   Frame Ideation4you-Guide, Multiple Ideen und Innovationen finden

Eine Vielzahl von Methoden ermöglichen die gesteuerte Herangehensweise, um an neue Ideen und Innovationen zu kommen. Methoden wie das Design Thinking zielen auf die Marktbeobachtung, beispielsweise sollen in Form von

Beobachtungen oder Befragungen von Kunden neue verbesserte und bedürfnisorientierte Produkte und Dienstleistungen entwickelt werden, dabei handelt es sich um einen iterativen Prozess und die Produkte sollen dementsprechend stetig weiterentwickelt und verbessert werden.

Die Vorgehensweisen kommen aus dem Bereich des Produktdesigns. Viel passiert hier über die verschiedenen Formen, Designs und ggf. auch andere Funktionalitäten. Hier spielen auch bestimmte Vorlieben und Charaktere eine Rolle, die zu unterschiedlichen Produkten/Marken je nach eingeordneten Zielgruppen führen.

Die Lean-Start-up Ansätze haben hier einige Überschneidungen, insbesondere die iterativen Prozesse in der Entwicklung und das ständige Testen am Kunden, sind hierbei zu nennen.

Darüber hinaus ermöglichen Methodiken wie der St. Galler Business Navigator oder ein Business Canvas eine schnelle, kompakte und strukturierte Form der Darstellung eines Geschäftsmodells in verschiedenen Ebenen und Perspektiven. Auch sind die 55 Geschäftsmodellmuster eine Inspiration für neue Geschäftsmodelle (Gassmann et al. 2017).

Zudem gibt es Kreativtechniken wie die 6–3–5 Methode oder das Mindmapping, die einen Austausch fördern und Innovationsumgebungen und Rahmenbedingungen schaffen. Ansätze und Kreativmethoden wie beispielsweise das Kombinieren geben erste konkrete Handlungsoptionen wie man sich an neue Ideen herantasten kann.

Die nachfolgend beschriebenen Ansätze basieren auf Praxiserfahrungen und soll Ihnen die Möglichkeit schaffen, schnell an neue Ideen heranzukommen und Ihnen Hilfestellung geben, um Ideen hervorzubringen.

Der starke Fokus und die Abgrenzung zu den vorher beschriebenen Vorgehensweisen liegt bei der nachfolgenden Methodik „Ideation4You Guide" und den weiteren Businessmechanismen auf der praxisorientierten Ideengenerierung. Ziel ist es also, Ihnen als Innovator eine Vielzahl von Inspirationen zu bieten, um neue Ideen zu finden und zu priorisieren. Schnittmengen wie das oben beschriebene Kombinieren werden im Rahmen dieser Vorgehensweise mit eingebettet.

Der „Ideation4you Guide" fokussiert sich auf verschiedene Perspektiven. Ziel ist es, diese Perspektiven miteinander zu kombinieren und somit interdisziplinäre Ansätze und multiple Ideen zu finden. Darüber hinaus ergeben sich in der Praxis z. B. in der Kunststoff-Industrie unterschiedliche Grundsätze bei neuen Innovationen z. B. der Ersatz eines Materials (Substitut) oder die Zusammenführung von unterschiedlichen Materialien und Prozessen, die Integration von Funktion.

Die verschiedenen Perspektiven des Ideation4you Guide sind die Branchen-struktur, Unternehmensstruktur, Ideation4you Frames und die unterschiedlichen Einflüsse (Abb. 7.6).

Die Branchenstruktur kann auf Basis von unterschiedlichen Gesichtspunkten betrachtet werden. So kann der Fokus auf der Anwendung bzw. dem Pro-dukt oder der Dienstleistung liegen. Also kann beispielsweise die Automotive Branche ein Branchencluster darstellen. Wird anstatt des Endprodukts z. B. die Verarbeitungsmethodik als Kriterium genommen?

So können z. B. Kunststoffverarbeiter in ein Cluster fallen oder es werden nochmal die unterschiedlichen Verarbeitungsmethoden unterteilt in beispielsweise

Abb. 7.6 Ideation4youGuide. (Eigene Darstellung)

Extrusion und Spritzguss. Auch könnte das verarbeitete Material eine Rolle spielen bei der Abgrenzung der Branchen. Sprechen wir z. B. von der Kunststoffbranche, könnte das die Kunststoffhersteller aber auch andere Unternehmen der Branche treffen, wie z. B. Verarbeiter, die Maschinenbauer und viele weitere Unternehmen. Eine klare Abgrenzung ist grundsätzlich schwierig.

Die Kombination aus unterschiedlichen Branchen könnte auf dieser Ebene zu interessanten Ansätzen führen. Kombiniert man beispielsweise die Touristikbranche mit der Ernährungsbranche könnten hierzu schon viele Ideen entstehen. Wichtig ist es, zu definieren, was sich hinter eine Branche verbirgt.

Der Fokus und der Ansatz neuer Ideen könnte bei der Kombination dieser beiden Branchen darauf liegen, dass der Fokus von bestimmten Reiseanbietern auf bestimmten kulinarischen Highlights und einem bestimmten Lebensstil liegt, z. B. bestimmte Reisen, die den Wert auf gesunde Ernährung legen oder einem mediterranen Flair vermitteln.

Ein ganzer anderer Fokus wäre die Betrachtung des Maschinenbaus in Kombination mit digitalen Ansätzen. Hierbei könnte die Mustererkennung von Fehlern in der Produktion eine Rolle spielen.

Zudem könnte auch die Zusammenarbeit mit einem Kunden verändert werden, indem die Kommunikation mit neuen digitalen Möglichkeiten geführt wird, z. B. über Plattformen.

Zu Beginn eines Ideenfindungsprozesses sollten sie beispielsweise mit der Hilfe eines Brainstormings einige typische Merkmale für Branchen erörtern, hierbei können schon eine Vielzahl von Ideen entstehen.

Dabei ist es wichtig, diesen Ideen im Rahmen der Ideenfindung freien Lauf zu lassen. Die Bewertung und die entsprechenden Geschäftsmodelle sollten später betrachtet werden.

Neben der Branchenperspektive kann es auf der Suche nach neuen Ideen dienlich sein, sich die Strukturen von Unternehmen anzuschauen. Die Unternehmensstruktur beinhaltet u. a. unterschiedliche Prozesse, den Einsatz von Materialien, dazu kommt das Angebot von Dienstleistungen oder Produkten und die entsprechenden Geschäftsmodelle. Auch kann unterschiedliche Infrastruktur zum Einsatz kommen.

Je nach Anwendungsfeld kann die Veränderung oder Verbesserung eines Bestandteils ein Innovationstreiber sein und zu neuen Ideen oder Impulsen führen.

So kann ich als Unternehmen auch die Ansprache an den Kunden verändern, indem das Unternehmen eine bestimmte Leistung z. B. ein besonderes effizientes Kunststoff-Werkzeug anbietet, welches Energie einspart.

Mit einer eigenen Landingpage könnte diese neue Leistung vermarktet werden. Eine Landingpage bezieht sich nur auf ein bestehendes Produkt und ermöglicht den direkten Verkauf. Dies führt durch die veränderte Verkaufsansprache schon zu einem neuen Geschäftsmodell und ggf. zu neuen Kunden.

Im Rahmen meiner Erfahrungen aus dem Kunststoffbereich habe ich bei der Betrachtung von Unternehmen regelmäßig bestimmte Grundsätze erkannt, die beliebig ausgebaut werden können. Deutlich wird, dass Innovationen meist aus Anpassungen an bestehende Leistungen entstehen.

Bezieht man diese Ansätze wiederum auf die oben beschriebenen Unternehmensstrukturen, können neue Ideen entstehen. Die Innovationshöhe kann durch die Kombination unterschiedlicher Unternehmensteile und Branchen gesteigert werden.

In der Praxis festgestellte Grundsätze sind beispielsweise mit dem Fokus auf der Kunststoffbranche Substitute. Ich ersetze also z. B. ein Material durch einen anderen Werkstoff. Insbesondere in der Kunststoffbranche entwickelt sich aufgrund der anhaltenden Diskussion über den Einsatz von Kunststoffen der Bedarf nach Alternativen.

Eine Möglichkeit, die aktuell im Institut erforscht wird, ist der Einsatz von Papier im Spritzgussprozess, beispielsweise zur Fertigung von Blumenbehältern.

Eine weitere Option besteht in der Zusammenführung von Materialien, in Form von Kunststoffen z. B. mit Metall, um Bauteile zu fertigen, die aus beiden Bestandteilen bestehen. Im Rahmen eines Forschungsprojektes wird darüber hinaus ein Bauteil aus dem Interieur eines Autos z. B. eine Blende mit Elektroniken vereint, um beispielsweise autarke Drückeigenschaften zu erzeugen. Hierbei werden die Elektroniken in einer Spritzgussmaschine mit Kunststoff umspritzt.

Ein weiterer Grundsatz der regelmäßig in den Unternehmen zu beachten ist, ist die Integration von Funktionen in Verfahren. Auch hierbei können wir exemplarisch den Spritzgussprozess nehmen. So werden beispielsweise innovative Verfahren entwickelt, die den Lackierprozess im Werkzeug der Spritzgussmaschine ermöglichen und so den aufwendigen nachgelagerten Prozess einsparen, was wiederum zu positiven zeitlichen Effekten und Kosteneinsparungen führen kann.

Weitere Grundsätze, die sich bei der Beobachtung von Unternehmen zeigen, sind das Zusammenführen von Leistungen, um Angebote dementsprechend zu erweitern. Im B2C-Bereich sind hier z. B. Lieferservice für Essen zu nennen, die letztendlich eine Plattform stellen und den Kunden ermöglichen, aus einer großen Auswahl zu wählen und somit eine AllinOne-Lösung darzustellen.

Die Kunden können bequem aus einer breiten Palette wählen. Projiziert man diese Überlegungen auf ein industrielles Umfeld, könnte die Durchberechnung von linearen Wertschöpfungsketten ein Ansatz sein, indem Unternehmen einen

Service von Produktentwicklung bis zur Serie bedienen und nicht nur einen kleinen Teil der Wertschöpfungskette abdecken.

Das Gegenteil anzuwenden, von dem was der Markt macht, ist ein weiterer durchaus innovativer Ansatz. Der Plattformansatz kann hierbei helfen, z. B. Handwerksangebote auf Basis von Kundenanfragen. Hierbei können die Kunden aus verschiedenen Angeboten wählen und der Handwerker buhlt um den Auftrag.

Auch völlig neue Stoßrichtungen können zu einer Veränderung führen. So bieten wir in unserem Institut nicht nur technische Dienstleistungen an, sondern ermöglichen durch eine Suchmaschine eine völlig neue Möglichkeit, um sich darzustellen und ganz anders Vertrieb und Marketing zu machen.

Diese neue Form des Vertrieb 4.0 stellt einen anderen Ansatz dar im Vergleich zur Konkurrenz. Ähnlich ist es, wenn sich Unternehmen erstmal verdeutlichen, wie der Status Quo eines Marktes Veränderungen vornimmt. Hilfreich ist auch die Darstellung der für den Kunden schlechtesten Möglichkeiten, um sich auf der Basis dieser Perspektive den optimalen Fall vorzustellen.

Die Einsparung von Ressourcen ist ein weiterer Ansatz, der in den beobachteten Unternehmen regelmäßig eingesetzt wird. Im Kunststoffbereich wird hier beispielsweise nach Optimierungen gesucht, um Ausschüsse und Fehler zu vermeiden. Hierzu werden sich die Prozesse im Spritzguss oder Extrusion angeschaut. Auch werden Werkzeuge hinsichtlich Ihrer Temperierung optimiert, um Zykluszeiten zu beschleunigen oder Qualitätseinbußen am Bauteil zu vermeiden z. B., Bindenähte.

Die Überführung von Leistungen in digitale Geschäftsmodelle kann ein Ansatz sein, um bestehende Produkte zu ergänzen oder um Services zu erweitern. Der Aus -und Weiterbildungsbereich wurde um eine eigene digitale Plattform ergänzt, um Seminare komprimiert Online anzubieten.

Ein weiterer Ansatz sind modular aufgebaute Produkte, die es ermöglichen den Kunden ein individuelles Produkt anzubieten. Hierbei können Konfiguratoren genutzt werden, die stufenweise durch eine Produktauswahl führen und hier auf den Kunden heruntergebrochen werden.

Die Produktion solcher individuellen Produkte kann beispielsweise durch additive Fertigungsverfahren hervorgebracht werden, die es ermöglichen kleine Losgrößen zu fertigen. Auch Serienfertigungsprozesse, wie der Spritzguss können auf kleine Losgrößen ausgerichtet werden, indem beispielsweise Folien in einer Maschine eingesetzt werden und sich so beispielsweise Brillenetuis mit verschiedenen Motiven fertigen lassen.

Neben dem Fokus auf übergeordnete Themen kann eine Bottom-up Betrachtung eines Marktes stehen, indem beobachtet wird, welche ursprünglichen Funktionen ein Produkt hat und inwiefern es durch ein anderes Produkt mit einer ähnlichen oder einer verbesserten Funktion ersetzt werden kann und wie unterschiedlich die Funktionen von Produkten für unterschiedliche Zielgruppen sein können.

Die Jobbeschreibung bzw. Funktion von Produkten wird in den nachfolgenden Kapiteln ausführlich beschrieben.

Ein weiterer Einfluss, der zu neuen Businessmodellen führen kann, sind Einwirkungen, die sich durch Gegebenheiten von außen entwickeln. So können neue Gesetzeslagen dazu führen, dass sich Unternehmen mit neuen Businessideen beschäftigen müssen, da beispielsweise Einmalprodukte aus Kunststoff verboten werden und sich die Hersteller z. B. mit neuen Materialien und Verarbeitungsprozessen beschäftigen.

Natürlich können neue Gesetzgebungen dazu führen, dass sich neue Chancen für die Unternehmen ergeben, da z. B. erneuerbare Energien gefördert werden.

Zudem können sich z. B. durch Bundesförderprogramme Möglichkeiten ergeben, die Unternehmen nutzen können, um ihre Ideen umzusetzen.

Neue Gesetzesregelungen können auch für Unternehmen Regularien bedeuten, die neue Maßnahmen erforderlich machen z. B. die Einführung von Qualitätsmanagementsystemen. Davon könnten dann wiederum Unternehmen profitieren, die mit Beratungsleistungen zu diesen Themen Geld verdienen. Es macht also durchaus Sinn, sich Gesetzeslagen anzuschauen, neue Gesetze zu bewerten und daraus ggf. Businessideen abzuleiten.

Neben den Entwicklungen aus Gesetzgebungen können spezielle Ereignisse neue Businessideen hervorbringen, aber auch bestehenden Modelle gefährden.

Durch Corona können z. B. teilweise keine Präsenzseminare stattfinden, daraus ergab sich ein Umsatzverlust, ähnlich erging es dem Hotel- und Gaststättengewerbe. Durch die Umstellung z. B. von Präsenz auf Online konnten neue Businessideen entstehen. Auch konnte der Onlinehandel und Lieferdienste davon profitieren. Es ergeben sich also sowohl Chancen als auch Risiken (Abb. 7.7).

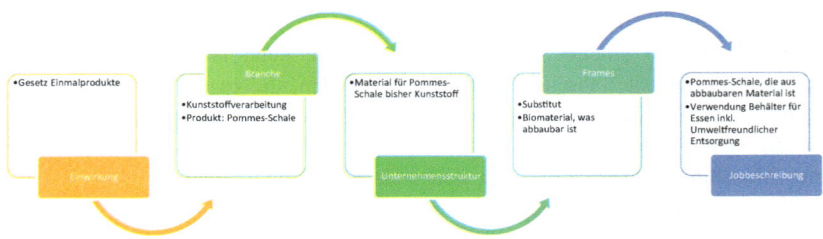

Abb. 7.7 Beispiel Ideenfindung. (Eigene Darstellung)

Wenn wir die verschiedenen Grundsätze betrachten, zeigt sich, dass eine Vielzahl von Ansätzen, die in Unternehmen zu erkennen sind, auf kleinen Änderungen basieren. Es werden branchenspezifische Verbesserungen vorgenommen. Bei grundsätzlichen Umkehrungen auch mehr. Eine höhere Schlagkraft entfaltet sich, wenn die verschiedenen Sphären miteinander kombiniert werden.

Wie der Ideationguide4you angewendet werden kann, zeigt die Abb. 7.7. Neben der Einzelbetrachtung können auch durch das systematische Vorgehen neue Businessideen generiert werden. So kann in Form einer Top-down-Betrachtung zunächst eine Branche herausgegriffen werden, z. B. fokussiert auf den Prozess.

So könnte der Fokus auf der Kunststoffverarbeitung liegen z. B. dem Spritzgussprozess. Im Rahmen dieses Prozesses werden die unterschiedlichsten Materialien verarbeitet, je nach Material kann eine andere Auslegung der Prozessparameter erforderlich sein.

Wenn man sich nun eine solche Branche herausgreift und dann im nächsten Schritt sich ein Unternehmen aus dieser Branche vor Augen führt, könnte z. B. der Fokus auf dem Thema Material liegen. Hier könnte geprüft werden, inwiefern neue Materialien und eine Spezialisierung auf Materialien oder Oberflächen zu einem Mehrwert führen könnte, der so auch beim Kunden vermarktbar wäre.

Würde sich beispielsweise der Verarbeiter eine Spezialisierung auf nachhaltige Materialien festlegen, indem er Rezyklate oder biobasierte und auch abbaubare Materialien verwendet und somit auch die Bauteile mit einem grünen Touch versieht, könnte sich das womöglich auch für die Kundengewinnung auszahlen.

Neben dem Beispiel könnte man grundsätzlich betrachten, wie ein Ideation4 Frame für den Bereich Kunststoffverarbeitung/Material passen könnte z. B. im Rahmen eines Substitutes, indem Bauteile, die aus anderen Materialien gefertigt werden, z. B. Metall durch kostengünstigere Materialien z. B. Kunststoffe zu substituieren und somit z. B. Leichtbaupotenziale gehoben werden.

Ein Multiplikatoreffekt könnte sich ergeben, wenn z. B. Einwirkungen stattfinden, die eine Entwicklung beflügeln, z. B. eine neue Förderung, die die Einsparung von Material und Leichtbaupotenziale belohnt.

Dem gegenüber können wir immer den Bottom-up-Ansatz stellen, also die grundsätzliche Beschreibung der Funktion des Produktes, also mehr über den Ursprung des Produktes die Ideengenerierung beginnen. Natürlich können die unterschiedlichen Perspektiven auch bilateral miteinander kombiniert werden oder es können auch verschiedene Branchen kombiniert werden (Abb. 7.8).

Wie schon oben angedeutet, lassen sich verschiedene Perspektiven für die Ideenfindung nutzen. Der Ansatz von Clayton M. Christensen fokussiert sich auf den Bottom-up-Ansatz, also der Betrachtung, welchen Job eigentlich ein Produkt

Abb. 7.8 Jobbeschreibung.
(Eigene Darstellung in
Anlehnung an M.
Christensen)

erfüllt. Interessanterweise kann ein Produkt je nach Zielgruppe unterschiedliche Jobs erfüllen (Christensen 2016).

Er greift dazu ein Milchshake-Beispiel auf, dass einerseits die Funktion eines ersten Frühstücks auf dem Weg zur Arbeit sein kann, was man im Auto verzehren kann und das problemlos während der Fahrt eingenommen wird, dies führt zu verschiedenen Vorteilen für den Kunden:

Schnelle Sättigung, kein Schmutz im Auto, der Verzerr während der Fahrt ist möglich. Es hat also auch funktionale Vorteile. Darüber hinaus könnten bestimmte Umstände dazu führen, dass man sich zum Frühstück einen Milchshake holt, ggf. liegt das Restaurant direkt auf dem Weg. (Vgl. Christensen 2016).

In einem anderen Fall könnte ein Kind mit seinem Vater einen Milchshake kaufen, da das Kind Lust auf eine flüssige Süßigkeit hat, ggf. gerne in das Restaurant mit Spielplatz geht. Es gibt also unterschiedliche Beweggründe, warum ein Produkt gekauft wird.

Durch die Beschreibung des Jobs könnten sich ggf. Alternativen für Produkte ableiten.

Wie kann ich noch ein Bild befestigen, wenn nicht mit Nägeln oder Schrauben, als Alternative können z. B. Magneten dienen.

7.3   Methodik und Praxis: Kombiniere und finde deinen eigenen Weg

Viele Methodiken in der Betriebswirtschaftslehre sind darauf ausgelegt, dass Sie einem festen Schema folgen und dann von A bis Z ausgelegt werden, wobei die Interpretation von den jeweiligen Anwendern abhängig ist (Abb. 7.9).

Der Kern von Modellen ist meist auf bestimmte Sachverhalte ausgelegt. So ergeben sich z. B. beim Business Canvas Besonderheiten, wenn es um Innovationen und Start-ups geht, im Lean Canvas ist diesen Ansprüchen Rechnung getragen. Die Anwendung von bestehenden Modellen kann dazu führen, dass das eigene Projekt nicht optimal abgebildet worden ist. Ziel muss es deswegen sein, sich der Modelle zu bedienen, die am besten passen.

Dabei besteht durchaus die Möglichkeit, bestimmte Ansätze miteinander zu kombinieren und damit eigene Modelle zu schaffen, die beispielsweise auf einen speziellen Industriebereich ausgerichtet sind.

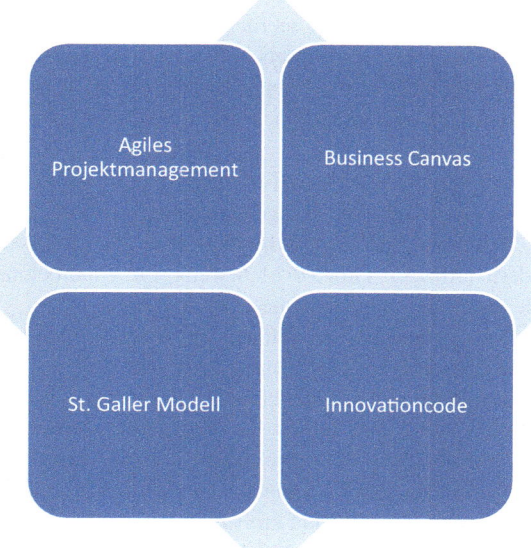

Abb. 7.9   Methodik Kombination. (Eigene Darstellung)

So kann die Vorgehensweise und das interaktive Vorgehen des Design Thinking interessant sein. Das Design Thinking könnte durch eine Ideenfindungsmethodik ergänzt werden. So könnten z. B. Megatrends oder bestimmte Geschäftsmodellmuster genutzt werden, um auch die Vorteile dieser Methoden zu nutzen.

Sich also aus dem Besten zu bedienen und seinen eigenen Weg zu gehen, ist entscheidend. Dazu müssen Modelle nicht nur angewendet werden, sondern zielorientiert weiterentwickelt und kombiniert werden. Darauf beruht der Leitsatz „Entwickeln und weiterdenken von Modellen"!

7.4   Assets & Attack

Eine interessante Vorgehensweise für Start-ups aber auch für bestehende Unternehmen könnte entstehen, wenn Märkte und Unternehmen betrachtet werden hinsichtlich ihrer Wettbewerbsfähigkeit und der Eintrittsbarrieren.

Welche Strukturen haben sich in den Märkten festgesetzt, wie ist die Konkurrenzsituation. Ist es ein regionaler, nationaler oder internationaler Markt vorhanden? Zudem können einzelne Unternehmen betrachtet werden.

Welche Wettbewerbsvorteile und Assets haben sich die bestehenden Unternehmen im Markt aufgebaut, gibt es ein besonderes Knowhow in den Unternehmen, gibt es besondere Kooperationen oder eine Community, wie sieht es mit Patenten, Standards und Normen aus?

Darüber hinaus sollten die Märkte und Unternehmen betrachtet werden, inwiefern neue Technologien Potenziale bringen und ggf. zentrale Trends überführt werden könnten. Beispielsweise lässt sich eine klassische Lieferkette durch eine Plattform verändern (Attack). Gibt es Mehrwerte für Unternehmen, wenn die Geschäftsmodelle durch digitale Elemente ergänzt werden.

Die digitale Überwachung von Maschinen und Rückmeldungen zur Qualität von Produkten und Bauteilen im Fertigungsprozess.

Wenn sich Unternehmen dann die Frage stellen, ob in bestimmte Märkte neu investiert werden soll, dann sollten die Unternehmen bewerten, wie hoch die Assets, Wettbewerbsvorteile der bestehenden Unternehmen sind und ob eine Branche komplett verändert werden kann (siehe Plattform), und ob z. B. durch den Aufbau von Kooperationen Märkte erobert, werden können.

Nach dieser Abwägung besteht die Möglichkeit, bestehende Wettbewerber zu attackieren oder sich auf andere Märkte zu konzentrieren.

Diese Herangehensweise kann aus beiden Perspektiven heraus erfolgen, auch der bestehende Wettbewerb könnte durch Verteidigungsszenarien und ggf. Neuentwicklungen neue Marktteilnehmer von der Marktteilnahme abschrecken.

7.5 Ideentransfer-Adaptionsoptionen

Im Rahmen von übergeordneten Themen, Projekten und Unternehmen können durchaus Ideen entstehen, die auf andere Branchen und Bereiche abgeleitet werden, dabei helfen manchmal schon übergeordnete Themen wie die Megatrends. Diverse Institute (Zukunftsinstitut) und auch Ministerien analysieren, clustern und orientieren sich an Megatrends. So gibt das Zukunftsinstitut einige Darstellungen heraus, die Megatrends und Subtrends zeigen (Zukunftsinstitut 2019).

Ein Beispiel für einen solchen Megatrend ist die Individualisierung. Damit ist die Ausrichtung von Produkten und Dienstleistungen auf die individuellen Bedürfnisse der Kunden gemeint. Wie kann ich also zielgerichtet ein individuelles Angebot schaffen?

Das beginnt damit, dass ich ggf. meine Produkte z. B. Schmuck individuell anfertigen oder personalisieren lassen kann.

Eine weitere Möglichkeit ist die Selektion von diversen Auswahlmöglichkeiten, um eine eigene Kleidung zu gestalten bis hin zur Entwicklung von Bauteilen in kleinen Stückzahlen mittels 3D-Druck. Durch das zielgenaue Ausrichten auf den Kunden kann ein starker Mehrwert geschaffen und somit auch vom Kunden honoriert werden.

Hierbei ist zu prüfen, in welchen Märkten die Akzeptanz für solche individuellen Produkte und Dienstleistungen besonders groß sind.

Ein Trend, der damit verbunden ist, ist die individuelle Medizin. Ziel ist es hierbei, sich zukünftig stärker und ganzheitlich auf den einzelnen Patienten auszurichten und somit, besser Vorsorge, Prävention als auch Therapie zu ermöglichen. Dazu bedarf es individueller Konzepte auf Basis von Daten, Vorhersagemodellen auf Basis von Studien und der Zusammenführung von Daten, um homogen die verschiedenen Ärzte auf den richtigen Stand zu holen.

Ein weiterer sehr interessanter Trend basiert auf nachhaltigen Konzepten. Wie können z. B. Ressourcen oder Unternehmen langfristig und zukunftsorientiert genutzt bzw. geführt werden. Wie können z. B. Kunststoffe besser sortiert werden, Rezyklate für unterschiedliche Anwendungen genutzt werden, Leichtbaupotenziale gehoben und biobasierte und abbaubare Stoffe z. B. für Verpackungen genutzt werden. Für Unternehmen muss es darum gehen, ein langfristig tragendes Geschäftsmodell zu etablieren und die Arbeitsplätze langfristig zu nutzen und ressourceneffizient zu arbeiten.

Darüber hinaus ist ein wichtiger Megatrend die Konnektivität. Hier ergeben sich einige spannende Subtrends wie z. B. Internet oft Things, Künstliche Intelligenz, Blockchain, Social Media und z. B. Plattformökonomie. Die Plattformökonomie wird in den nachfolgenden Kapiteln beschrieben.

Es zeigt sich, dass die Betrachtung von Megatrends bestimmte übergeordnete Themen top-down adressiert werden. Auf Basis der Beschreibung und der Vorstellung einiger Beispiele können erste Anregungen für mein eigenes Business abgeleitet werden.

Betrachten wir wieder den Maschinenbauer, der ein individuelles Produkt oder eine entsprechende Dienstleistung anbieten möchte, so könnte er einen individuellen Service für seinen Kunden aufbauen. In Form einer digitalen Dienstleistung, in der der Maschinenpark des Verarbeiters sichtbar wird und es individuelle Auswertungen zu Wartungen, Fehlern oder Produktionsmengen für den Kunden gibt.

Auch könnte der Maschinenbauer den Megatrend Konnektivität nutzen, z. B. durch einen Plattformansatz, er bietet keine eigenen Maschinen mehr an, sondern bringt seine Wettbewerber auf eine Angebots-Plattform und auf der anderen Seite treten seine Kunden und der Maschinenbauer zukünftig als Intermediär bzw. Plattformbetreiber auf.

Ein weiterer möglicher Impulsgeber neben den Megatrends kann die Betrachtung von Forschungs- und Entwicklungsarbeiten sein. Hierbei sollten Unternehmen betrachtet werden, in deren Branchen Forschungsinstitute forschen. Darüber könnten durchaus auch interdisziplinäre Bereiche, also fachfremde Gebiete interessant sein, denn Innovation entstehen meist durch Kombination und dem Zusammenbringen von unterschiedlichen Feldern (Abb. 7.10).

Darüber hinaus ist es wichtig zu verstehen, dass wir uns in unterschiedlichen Phasen der Forschung- und Entwicklung befinden können. Je nachdem wonach das Unternehmen sucht, können erste vorwettbewerbliche Forschungsergebnisse oder sehr stark marktorientierte Erkenntnisse notwendig sein.

Abb. 7.10   Adaptionsoptionen. (Eigene Darstellung)

Auf Basis von großen neuen Technologien z. B. KI können sich unterschiedliche Geschäftsmodelle ableiten lassen. Oft haben Unternehmen auch einen besseren Blick für den Markt als Hochschulen und können bestimmte Ergebnisse in den richtigen wirtschaftlichen Rahmen bringen.

Darüber hinaus bietet es sich auch an mit Hochschulen und Instituten in gemeinsamen Projekten zusammenzuarbeiten, oder sich als Unternehmen in großen Netzwerkkonsortien zu engagieren.

Businessmechanismen aus der Praxis: Businessideen finden und umsetzen

8

In meiner Zeit bei der Arbeitsgemeinschaft industrieller Forschungsvereinigungen habe ich eine Vielzahl von Branchen von der Antriebstechnik bis zur Ziegelindustrie kennengelernt – Durch den Wechsel in das Kunststoff-Institut kam dann noch ein besonderer Fokus auf eine weitere Branche dazu, wobei auch über das Institut diverse Branchen angesprochen werden.

Der Kunststoff ist in den unterschiedlichsten Produkten enthalten, vom Interior des Autos über die Profile von Fenstern, in Rohren, in Verpackungen und vielen weiteren Bereichen, sodass hier auch eine Vielzahl von Branchen auf den Bereich Kunststoff einwirken (siehe oben).

Businessmechanismen – Businessideen finden

Transferiere das Businesskonzept in einen beliebigen Bereich deiner Wahl und kreiere deine eigene Idee, mache dir das Konzept zu eigen (Abb. 8.1).

Im Rahmen dieser Tätigkeiten zeigten sich eine Vielzahl von möglichen Businessmechanismen. Eine sehr gute Möglichkeit, um an neue Ideen zu kommen, ist die Anwendung dieser Businessmechanismen auf neue Anwendungsfelder. Durch den Transfer und die praxisorientierten Ansätze ergeben sich neue Ideen, Geschäftsmodelle und Innovationen, denn insbesondere die Kombination aus vorhandenem Wissen führt zur experimentellen Entwicklung.

Wichtig ist es, gute Businessideen oder Grundsätze zu erkennen und diese Ideen nicht zu kopieren, sondern auf einen völlig anderen Bereich zu projizieren. So können beispielsweise regionale Konzepte auf andere Regionen transferiert werden, oder auch internationale Ideen in andere Region gebracht werden. Darüber hinaus können beispielsweise lineare Wertschöpfungsketten aufgehoben werden, indem verschiedene Marktseiten auf eine digitale Plattform gebracht werden.

Wenn z. B. Hausbesitzer ihre Dienstleister nicht mehr über klassische Angebotsvergleiche aussuchen, sondern ihre Anfrage in ein Portal stellen und die Betriebe

M. B. Krause and W. Mayer, *Der Innovationscode*, https://doi.org/10.1007/978-3-658-41769-7_8

Abb. 8.1 Businessmechanismen- Businessideen finden. (Eigene Darstellung)

um einen Auftrag buhlen. Stellen Sie sich nun vor, sie transferieren diese Vorgehensweise auf einen anderen Bereich, also nicht mehr auf Handwerker, sondern auf Steuerberater oder Versicherungsmakler. Merken sie, dass direkt Ideen im Kopf entstehen und sie neue Plattformen-Ansätze finden?

Darüber hinaus werden in den nachfolgenden Kapiteln weitere Businessmechanismen und Vorgehensweisen beschrieben, die ihnen die Herangehensweise erleichtern, um praxisnah an neue Ideen zu kommen, denn es lassen sich in erfolgreichen Geschäftsmodellen, Ideen und Innovationen immer Grundsätze erkennen.

Zudem werden in den nächsten Kapiteln weitere praxisorientierte Businessmechanismen aufgezeigt, aus denen sich Ideen generieren lassen und Erfolgschancen entstehen. So können kommerzielle Services beispielsweise über eine private Community abgedeckt werden.

Auf Basis von Benchmarks kann geprüft werden, was besonders große Marken wie Apple, Amazon gut machen und wie sich deren Handlungsweisen adaptieren lassen. Herausstechend ist beispielsweise die Einfachheit der Anwendung, das Selbsterklärende und die Fokussierung auf wenige Produkte. Wie überführe ich diese Leitgedanken auf mein Produkt oder meine Dienstleistung?

Wie lerne ich aus klar strukturierten Geschäftsmodellen, wie „Wir kaufen Dein Auto", oder Lieferando, indem bestehende Strukturen anders vermarket werden und die Transparenz der Prozesse zu erfolgreichen Geschäftsmodellen führt?

Abb. 8.2
Businessmechanismen
Ideentransfer. (Eigene
Darstellung)

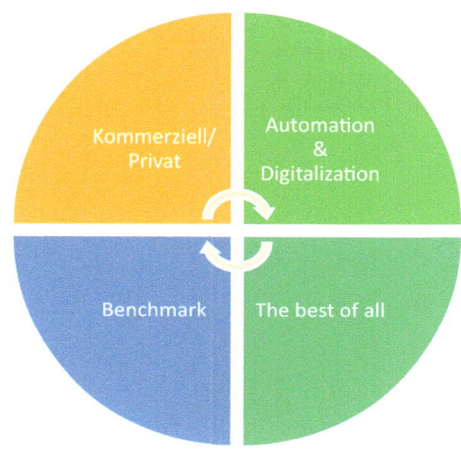

Auch werden durch Digitalisierung und Automatisierung klassische Produkte und Dienstleistungen zu neuen Produkten, die neue Zielgruppen ansprechen oder klassische Services ergänzen (Abb. 8.2).

In der Praxis zeigen sich immer wieder Businessmechanismen, die sich gut verwenden lassen, um neue Businessideen zu kreieren. Dabei kommt es darauf an, dass diese Mechanismen in neue Sachverhalte überführt werden. Der Ideentransfer stellt also keinesfalls eine Copy dar. Ziel ist es ihnen Anregungen zu geben, indem auf bestehende Mechanismen aufgebaut wird.

8.1   Von privat zu kommerziell

Seit einiger Zeit entwickeln sich Plattformen, die im Endeffekt darauf setzen, dass private Güter kommerziell vermarktet werden. Hierbei handelt sich nicht um Verkäufe, sondern eher um befristete Nutzung von privaten Gütern oder Dienstleistungen. Wenn ich beispielsweise die private Wohnung für Übernachtungen oder einen Service für den Transfer von einem Ort zum anderen Ort anbiete. Aus den sehr bekannten und erfolgreichen Plattformen lassen sich nun gute Schlüsse ziehen (Abb. 8.3).

Wie kann ich mir diesen Mechanismus zu eigen machen und ihn in andere Modelle überführen? Dabei ist es notwendig, sich in der eigenen Perspektive anzuschauen, welche Güter ich habe und wie ich sie teilen und kommerziell

Abb. 8.3
Businessmechanismus
Privat zu kommerziell.
(Eigene Darstellung)

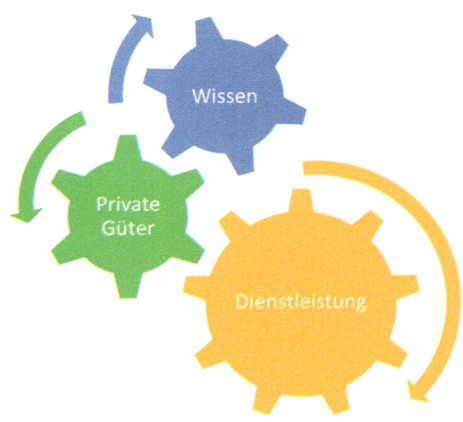

vermarkten könnte. Könnte ich z. B. meinen Rasenmäher oder Haushaltsgeräte zu bestimmten Zeiten anbieten? Oder könnte ich in größeren Mengen Essen kochen und in der Nachbarschaft anbieten?

Welche Dienstleistungen könnte ich anbieten, z. B. indem ich bei der Ablage von Unterlagen helfe gegen ein Entgelt?

Auch könnte die Möglichkeit bestehen, dass ich mein Wissen zu Themen anbiete und bestimmte Sachverhalte löse, in denen ich eine Expertise habe und wo mein Expertenwissen gefragt ist.

Man könnte sich also unterschiedliche Perspektiven anschauen und dann auf Basis dieser Perspektiven private Dienste kommerzialisieren. Damit solche Leistungen weitere Verbreitungen finden, können sich Plattformen-Lösungen anbieten, wobei auch hier die Leistungen mit den Kundenwünschen übereinstimmen müssen. Je einfacher die Leistungen sind und wenn sie einen hohen Bedarf wieder spiegeln, umso eher bekommt man auf einer solche Plattform Reichweite.

Werden z. B. auf einer Plattform private Leistungen angeboten, könnte das z. B. eine einfache vergleichbare Leistung z. B. die Reinigung von Häusern sein. Der Bedarf an Reinigungen ist groß. Für den einzelnen Anbieter wird sich ein kleiner Kreis ergeben. Ein größeres Businessmodell wird voraussichtlich nicht daraus.

Der Aufbau einer Plattform und die Transparenz des Angebots bei solchen einfachen Leistungen könnte zu einer erhöhten Nachfrage führen. Dies könnte einen interessanten Plattformansatz bedeuten.

Wie oben angedeutet, braucht es dazu eine gewisse Schlagkraft und muss beide Zielgruppen auf die Seiten führen, denn wenn der Kunde z. B. keine Reinigungskraft in der Region findet, könnte das Interesse des Kunden schnell abebben und er besucht die Seite nicht mehr, da das entsprechende Angebot nicht zu finden ist.

Auf der anderen Seite kann der Anbieter von Reinigungsleistungen vielleicht das Interesse verlieren, da die Nachfrage für seine Region zu gering ist und er keine entsprechenden Anfragen bekommt.

Es zeigt sich, dass es grundsätzlich in den verschiedensten Perspektiven interessant sein kann, wenn wir private Leistungen kommerzialisieren. Verbinden wir diese Idee noch mit einem Plattformansatz, können wir auch noch ein Skalierungspotenzial heben, wenn wir die oben beschriebenen Problemstellungen lösen.

8.2 Benchmark

Eine gute Möglichkeit, um sich als bestehendes Unternehmen zu etablieren und ggf. einige Dinge in seinen Businessmodellen zu ändern, ist die Orientierung an anderen guten Businessmodellen, Aktivitäten und Eigenschaften von anderen erfolgreichen Unternehmen. Dabei gilt es, die Unternehmen nicht zu kopieren, sondern deren bewährte Wege ins eigene Unternehmen zu adaptieren. Hierbei können wir unterscheiden zwischen qualitativen und quantitativen Vergleichen.

Im Rahmen von qualitativen Vergleichen geht es um die Adaption von guten Ideen, während wir bei der quantitativen Analyse insbesondere eine Standortbestimmung machen: Wie steht mein Unternehmen dar, wie müssten meine Preise sein, was dürfte ich an Personalkosten haben? Vielen Unternehmen fehlt hier der Kompass insbesondere im internationalen Wettbewerb.

Doch Unternehmen, die in einer nachgelagerten Lieferkette austauschbar sind, müssen sich sehr gut einordnen können, um zukünftig bestehen zu können. In einem kleinen Exkurs wird diese quantitative Benchmark-Analyse in diesem Kapitel einmal genauer beleuchtet (Abb. 8.4).

Im Rahmen vom qualitativen Benchmarking sollte es ein Ziel sein, als etabliertes Unternehmen stetig Märkte zu beobachten, insbesondere auch Märkte, auf denen das Unternehmen noch nicht aktiv ist. Wichtig ist die Sichtung von Unternehmen, die in ihren Bereichen Erfolg haben. Hierzu bedarf es der genauen Analyse, inwiefern gelungene Konzepte in die Bereiche des Unternehmens adaptiert werden.

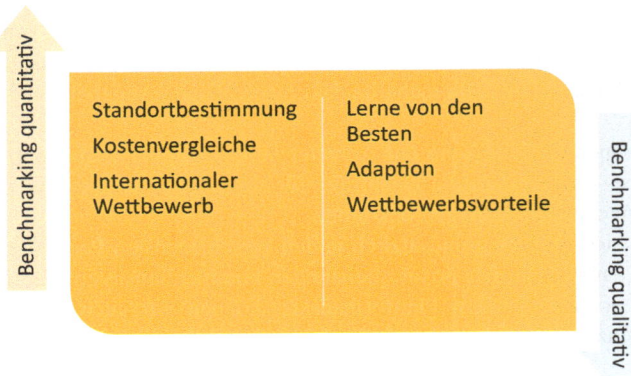

Abb. 8.4 Benchmarking quantitativ/qualitativ. (Eigene Darstellung)

Grundsätzlich wird es immer wichtiger sich vom Wettbewerb abzuheben. Insbesondere in nachgelagerten Wertschöpfungsketten sind die Unternehmen vergleichbar. Was kann beispielsweise in der Kunststoffverarbeitung herausstechen? Indem Unternehmen z. B. bestimmte Materialien wie Rezyklate verarbeiten können, oder Prozesse integriert werden, indem das Unternehmen z. B. den nachgelagerten Montageprozess automatisiert und somit Personal einspart, was sich wiederum auf die Preisgestaltung auswirken könnte.

Wie kann ich mich nun als Unternehmen an den Besten orientieren? Ziel sollte es sein, sich bestimmte Muster anzuschauen. Was macht z. B. Apple besonders gut? Hier lässt sich das Design und die einfache Handhabung nennen.

Darüber hinaus bedarf es bei neuen Installationen keiner besonderen Schritte, das Gerät ist direkt einsetzbar, auch Daten von alten Handys können direkt übertragen werden. Zudem adressiert Apple den Nutzen auf einer anderen Art, indem es z. B. die Apple Watch als Lebensretter positioniert, wenn jemand im Wald einen Notfall hat und schnell Hilfe benötigt.

„Wir kaufen Dein Auto" stellt den Verkaufsprozess eines Autos transparent dar. Als Kunde fühlt man sich abgeholt, wenn die Struktur und das Vorgehen transparent sind. Ich zeige mein Auto, es wird bewertet, ich bekomme ein Angebot und kann entscheiden. Darüber hinaus wird die An- und Abmeldung geklärt. Es gibt einem das Gefühl in den richtigen Händen zu sein, im Vergleich zu herkömmlichen Verkaufstransaktionen.

Die Überführung dieser Eigenschaften könnte ein Unternehmen aus dem Maschinenbau beispielsweise transferieren, indem es sich die einfache Handhabung zum Ziel setzt und es jedem Produktionshelfer ermöglicht, z. B. eine Spritzgussmaschine zu bedienen.

Dabei könnte der Produktionshelfer interaktiv durch ein Menü wie beim Thermomix geführt werden, bei möglichen Fehlern würde die Maschine Hinweise geben. Im Rahmen einer Plattform würden die Daten ausgetauscht und z. B. Aussagen machen, um Fehler frühzeitig zu erkennen.

Den transparenten Prozess von „Wir kaufen Dein Auto" könnte ein Maschinenbauer beispielsweise dafür nutzen, dass er sein Service transparent darstellt, indem über eine Plattform die Wartungsintervalle und der Verschleiß dargestellt werden und bei bestimmten Problemstellungen automatisiert bestimmte Schritte angezeigt werden.

Im Rahmen des quantitativen Benchmarkings geht es um den Marktdurchblick und die Standortbestimmung eines Unternehmens im internationalen Wettbewerb. Nachfolgend gibt es einen Exkurs zu diesem Thema in Anlehnung an Frank Bürger:

Was liefert Unternehmen in einem globalen Umfeld eine langfristig abgesicherte Zukunfts- und Generationsfähigkeit?

Überall gibt es fast ähnliche Antworten, besser undifferenzierte Empfehlungen, zu dieser für die Entscheider und Eigentümer so zentralen Frage: Wann und wie verfügt mein Unternehmen über eine abgesicherte Zukunfts- und Generationsfähigkeit?

Zusätzlich negativ stark auffällig ist, dass es eine grundsätzliche Auseinandersetzung mit dem Themenbereich praktisch nicht gibt. Auch eine Gegenüberstellung der heute veränderten Bedingungen an die Herausforderung zur Realisierung einer notwendigen Zukunfts- und Generationsfähigkeit fehlt ebenfalls.

Eine Lösung und Antwort auf die so zentral entscheidende Frage für die Unternehmen kann nur entwickelt werden, wenn eine grundsätzliche Vorgehensweise vorab fest definiert wird und sich daran bestmöglich orientiert wird. Folgende Grundvoraussetzungen liefern die dazu notwendige Entwicklungsbasis:

Eine abgesicherte Zukunfts- und Generationsfähigkeit von Unternehmen benötigt eine dazu zwingend notwendige Wettbewerbs- und Kostenfähigkeit. Es braucht daher sichere Bewertungsfaktoren, mit denen die Leistungsfähigkeit von Unternehmen festgestellt und mit dem globalen Wettbewerb verglichen werden können.

Die Unternehmen in der heutigen Globalisierung benötigen den Vergleich zum globalen Wettbewerb oder zu anderen Wirtschaftsregionen. Es muss daher vorab eine dazu notwendige Lösung entwickelt werden, da diese auch direkte

Auswirkungen auf die andere Vergleichsseite, dem zu bewertenden Unternehmen, hat. Zu beachten sind die logischen Grundvoraussetzungen für eine Vergleichsdurchführung.

Für Unternehmen sind Zukunftsperspektiven bei dem heute vorhandenen hohen Wettbewerbsdruck und den reduzierten Margen nur möglich, wenn Spitzenleistungen vorhanden sind.

Fazit: Es gibt einen zentral wichtigen Nachholbedarf bei der Feststellung und Methodenentwicklung, ob ein Unternehmen in der heutigen Globalisierung über eine langfristig abgesicherte Zukunfts- und Generationsfähigkeit verfügt oder über welche Zielfaktoren dies entscheidungssicher aufgebaut werden kann. Dies definiert hier ein neues Anforderungsprofil an die Methodik zur Feststellung, was die bisherigen Lösungen nicht erfüllen.

Eine Option, um sich zukünftig auch quantitativ zu vergleichen, und zwar nicht nur mit den besten Unternehmen, sondern auch mit durchschnittlichen Unternehmen, lässt sich durch das K-Benchmark-Tool ermöglichen. Denn dadurch, dass meist die OEMs die Preisverhandlungen bestimmen, kann ggf. kein Einfluss darauf genommen werden. Jedoch kann durch das K-Benchmark-Tool bestimmt werden, wie der Preis eigentlich sein müsste. Wieviel Personal das Unternehmen bei welchem Umsatz haben dürfte. Wie ich Unternehmen miteinander vergleichen kann und wie viel günstiger es wäre, wenn ich beispielsweise meinen Standort nach Polen verlegen würde.

Kunststoffverarbeitung Spritzguss
Dieses Unternehmen im Beispiel hat 10,5 Mio. € Umsatz bei einem Betriebsergebnis von 351 T € und einer Umsatzrendite von 3,38 % (siehe Abb. 8.5). Es handelt sich hierbei, um ein fiktives Beispiel, welches in der Branche ein Durchschnittsunternehmen darstellt. An dem Unternehmen können Sie sich orientieren und sich z. B. vergleichen, wenn Sie eine ähnliche Mitarbeiterzahl haben (ca. 35) und den gleichen Markt adressierten.

Sollten Sie andere Umsätze erzielen, lassen sich für Ihre Zahlen Modelle entwickeln. So zeigen sich relativ schnell Handlungsempfehlungen, beispielsweise Sparpotenziale. Sie können in verschiedenen Szenarien die Kosten ändern und Auswirkungen auf Ihre Zahlen sehen. Darüber hinaus wäre z. B. ein Vergleich mit einem Unternehmen aus einer anderen Region möglich.

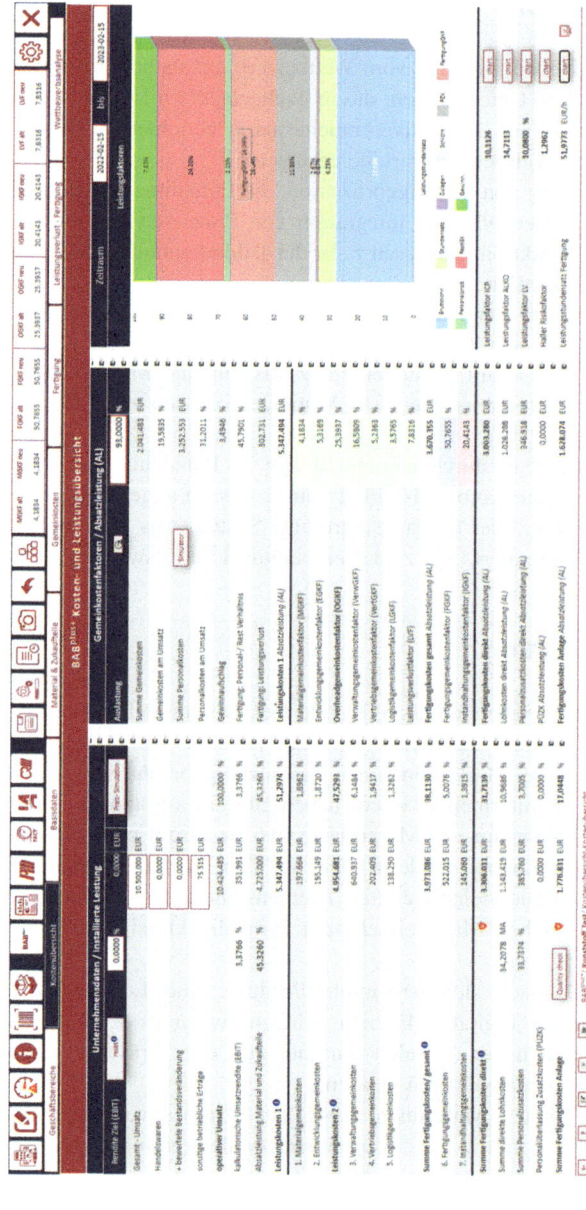

Abb. 8.5 K-Benchmark Tool Beispielunternehmen

8.3   Automation

Eine weitere Möglichkeit, um sich vom Wettbewerb abzuheben, ist die Automatisierung. Insbesondere Unternehmen, die in nachgelagerten Lieferketten stecken und deren Fokus nicht auf den Endverbrauchermarkt gerichtet ist, können durch die Automatisierung Wettbewerbsvorteile erlangen.

Die Automatisierung von Montageprozessen, die Entnahme von Bauteilen, die Steuerung von Prozessen oder die Integration von Prozessen bis hin zur Qualitätskontrolle von Produktionsprozessen z. B. der Bilderkennung und Auswertung von Daten kann zu deutlichen Vorteilen führen.

Das ist insbesondere dann der Fall, wenn der Unterschied der Wettwerber ansonsten klein ist und sich Märkte stark am Preis orientierten. Die Unternehmen sind dann normalerweise auf Kosteneffizienz aus, um die Margen zu erhöhen. Da kann z. B. die Automatisierung von Montageprozessen zu Zeitersparnissen führen.

Darüber hinaus gibt es durchaus eine Menge an Potenzial auch im Endverbraucherbereich, was die Automatisierung von Prozessen angeht. Wenn wir z. B. an Saugroboter denken, oder an das Smarthome-System was z. B. automatisiert bestimmte Prozesse reguliert, wie z. B. Temperatur, Licht usw.

8.4   Digitalization

Wie oben schon beschriebenen haben digitale Geschäftsmodelle die Möglichkeit Märkte zu verändern und nachhaltig wirksam zu sein. Insbesondere Plattformansätze, wo mehrere Marktteilnehmer zusammengebracht werden und der Plattformbetreiber als Intermediär agiert, haben ein hohes Potenzial.

Hierbei geht es nicht nur um Marktplätze, wo es darum geht Verkäufer und Käufer zusammenzubringen, sondern auch um den Austausch von Projekten, Informationen, Ideen und vielen weiteren Themenstellungen. Das Zusammenführen von unterschiedlichen Marktteilnehmern kann die klassischen Lieferketten verändern.

Darüber hinaus lassen sich bestimmte Produkte und Leistungen von der analogen Form in die digitalen Ebenen bringen, wenn es z. B. um Zeitungen geht, die es nun in der digitalen Variante gibt oder Präsenzseminare über E-Learning-Plattformen abgehalten werden.

Des Weiteren können Maschinen durch den Einsatz von Sensoren überwacht werden, und somit z. B. Wartungsintervalle verlängert werden, oder der Ausschuss vermindert werden. Solche Themen könnten für Unternehmen

z. B. Maschinenbauern neue Geschäftsmodelle bringen, indem auch die digitalen Leistungen mit angeboten werden.

Darüber hinaus können durch die Nutzung von KI-Modellen Kunden besser verstanden werden und so zielgerichtet Produkte entwickelt werden.

Das Potenzial für einzelne Branchen muss genau analysiert werden und ist nicht pauschal für alle Branchen gleich anwendbar. Welche Potenziale gibt es z. B. in Unternehmensumgebungen mit physischen Produkten im Vergleich z. B. zur Dienstleistungsbranche.

8.5 Selektor

Eine besondere Form im Bereich der Digitalisierung können Selektoren spielen. Sie bieten die Möglichkeit über bestimmte Auswahlprozesse individuelle Produkte zu kreieren. Wenn ich beispielsweise verschiedene Teesorten zusammenbringe und eine neue Sorte schaffe. Im Lebensmittelbereich gibt es eine Vielzahl von Möglichkeiten mit einer solchen Kombination, neue Dinge zu kreieren.

Wenn der Kunde ggf. auch noch weitere Komponenten integriert, hat er das Gefühl seines eigenen individuellen Produktes. Mit Selektoren kann man also einerseits auf den Megatrend Individualisierung eingehen und auf der anderen Seite auch sein Geschäftsmodell verändern und somit anders auf dem Markt auftreten.

Natürlich lassen sich auch eine Vielzahl von anderen Märkten und Produkten über Selektoren in Richtung Individualisierung bringen. Hierzu sollte beobachtet werden, welche Kundengruppen individuelle Produkte bevorzugen und in welchen Sparten sich Selektoren bewähren. Durch Technologien wie additive Fertigung oder auch Digitaldruck lassen sich Produkte in kleinen Losgrößen herstellen und individualisieren (Abb. 8.6).

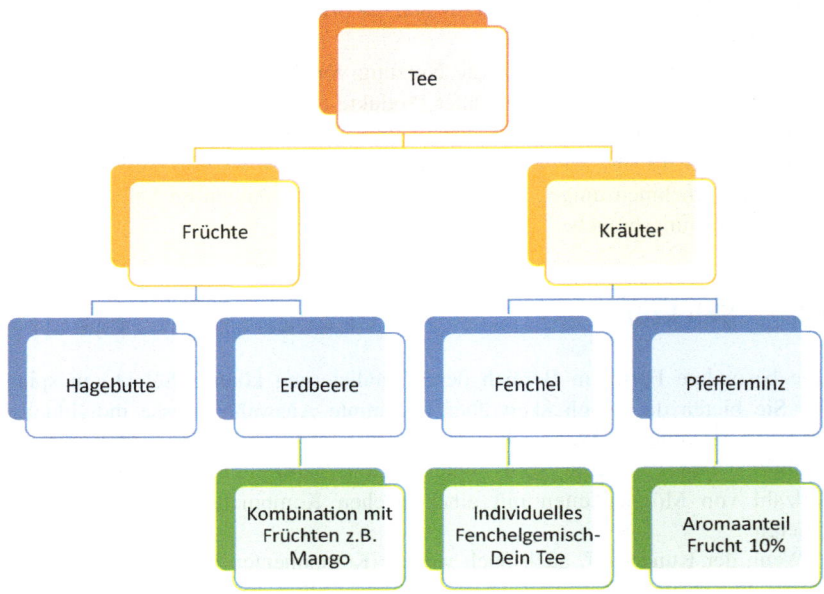

Abb. 8.6 Selektor Beispiel. (Eigene Darstellung)

Vorgehensweisen für die Umsetzung von Businessideen

9

Wenn die ersten Ideen gefunden sind, bedarf es strukturierter Vorgehensweisen, wie die Umsetzung angegangen werden kann. Soll ich als Unternehmen einen schnellen Start wagen? Wie gehe ich so einen Kickstart an, auf welche Rahmenbedingungen muss ich achten? Wie beurteile ich einen Markt und insbesondere den Mehrwert des Kunden? Passt mein Produkt zu den Kundenwünschen? Ist der Kunde bereit einen bestimmten Preis zu zahlen? Wie nutze ich Netzwerke, um neue Businessideen in den Markt zu bekommen? (Abb. 9.1)

9.1 Umkehr-Prozess KICKSTART

Ein wesentliches Element für den Erfolg kann der perfekte Start sein. Das gilt sowohl für die Umsetzung als auch Ideenfindung. Nachfolgend sollen einige Ansätze gezeigt werden, die hilfreich sein können, um auf der einen Seite schnell Ideen zu generieren und auf der anderen Seite die Umsetzungsgeschwindigkeit zu erhöhen.

Sind beispielsweise bestehende Unternehmen auf der Suche nach neuen Ideen, um sich von einer anderen Seite zu präsentieren oder besteht ggf. die Not, dass einem bestehenden Geschäftsmodell die Haltbarkeit abhandenkommt. Hier wäre ein Ansatz die Durchführung von intensiven Einblicken in das jeweilige Konstrukt. Dies sind z. B. sehr gute Kontakte zu Kunden, die bereit sind ein Feedback zu geben.

Diese Insights können bestehende Kundenkontakte sein, zu denen eine sehr gute langjährige Beziehung besteht. Wenn die Kunden aus dem B2B-Umfeld kommen, können hier unterschiedliche Hierarchien im Unternehmen in Frage kommen, beispielsweise die Managementebene, der Einkauf oder die Produktion. Durch die gute Kundenbeziehung kann die Möglichkeit bestehen, dass

M. B. Krause and W. Mayer, *Der Innovationscode*, https://doi.org/10.1007/978-3-658-41769-7_9

Vorgehensweisen – Businessideenumsetzen

*Folge dem Weg, um Ideen zielgerichtet
umzusetzen*

Abb. 9.1 Vorgehensweisen Businessideen umsetzen. (Eigene Darstellung)

die Kunden befragt werden und diese ihre Meinungen zu aktuellen Produkten abgeben, und evtl. mögliche Weiterentwicklungen anregen. Auch könnten diese Anregungen zu völlig neuen Produkten, Verfahren und Dienstleistungen führen.

Neben der Nutzung dieser guten Kontakte im Rahmen von Befragungen und persönlichen Gesprächen kann auch über intensive Workshops im Rahmen von User/Leads-Erfahrungen intensiver an Themengebieten gearbeitet werden und so Weiterentwicklungen und ggf. Innovationen vorangetrieben werden.

Das Ohr am Markt ist hier entscheidend und öffnet Chancen. Die intensiven Kontakte sind dann auch sehr gut nutzbar, um für etwaige Neuentwicklungen die Kunden frühzeitig als Early Adopter einzubauen.

Ein weiterer Punkt für den Kickstart im Rahmen der Ideenfindung ist die Beschäftigung mit der Customer Journey. Hierbei ist insbesondere zu klären, wie ich es schaffe inhaltlich entscheidende Beiträge, Blogs oder auch kleine Tools zu formen, die seitens des Kunden gesucht werden und die in den Suchen auch stattfinden, dabei muss deutlich werden, dass es sich hier um einen echten Mehrwert handelt. Gute Beispiele sind Vorgehensweisen, wie bestimmte Programme bedient werden.

Auch ist zu schauen, ob sich Unternehmen aktuell im Bereich des Produktesektors bewegen, z. B. wenn es sich um einen Maschinenbauer handelt, inwiefern können ergänzende Dienstleistungen schnell zu einem neuen Geschäftsmodell führen, im Gegensatz zu einer völlig neuen Produktentwicklung. Grundsätzlich können also auch hier die „nicht technischen Innovationen" hilfreich sein und einen Kickstart ermöglichen.

Grundsätzlich könnten sich durch stetiges Einbeziehen der Kunden einige Umsetzungsstrategien empfehlen, die einen Kickstart möglich machen, um auch zeitlich einen Wettbewerbsvorteil zu erlangen. Die Frage, die über allem steht, wie bekomme eine Version meiner neuen Dienstleistung oder meines Produktes hin, die mindestens im ersten Step von den Early Adoptern akzeptiert wird und die nicht unbedingt schon 100 % der erwarteten Produktqualität entsprechen muss.

Wie kann ich über Darstellungsformen mein Produkt in Szene setzen, sei es über Landingpages, die das Produkt im Fokus haben und z. B. klickbare Selektoren, die schon einen ersten Eindruck hinsichtlich des Produktes oder der Dienstleistung ermöglichen.

Im Rahmen von Crowdfunding-Plattformen, also Finanzierungsplattformen z. B. für Start-up-Projekte ist es durchaus denkbar, dass zunächst nur die Idee verkauft wird und die Kunden, die sich beteiligen, bestimmte Vorzugsrechte bekommen. So gab es ein Start-up, welches E-Bikes zu einem sehr günstigen Preis konstruiert hat, die endgültige Konstruktion und Produktion wurde erst nach erfolgreicher Finanzierungsrunde angegangen.

Es besteht die Option, durchaus die Vision zu verkaufen und dann nach den ersten Erfolgen nachzuziehen. Hierbei ist insbesondere das Vertrauen der Kunden wichtig, aber auch die interessante Darstellung über die unterschiedlichen Instrumente wie Podcasts, Videos, Landingpages, Klick-Apps, schematische Darstellungen usw.

Neben diesen grundlegenden Ansätzen sind für die Umsetzung zunächst die klare Fokussierung auf die Early Adopter und die Auflistung, welche Kunden das sind, wichtig. Darüber hinaus kann für die erfolgreiche Umsetzung entscheidend sein, warme Kontakte zu nutzen. Oben wurde angedeutet, dass es generell gut ist, wenn wir Kunden einbeziehen, die uns wohlgesonnen sind.

Doch das kann nicht der einzige Hebel sein. Ein weiterer Ansatz könnte entstehen, wenn gezielt Netzwerker und Multiplikatoren angesprochen werden, die einen besonders guten Zugang haben und eine gewisse Reputation bei den potenziellen Kunden. Das Wort wird also gehört und eine entsprechende Empfehlung könnte hierbei entscheidend sein.

Es gilt diese Netzwerker bzw. Influencer für die entsprechende Zielgruppe ausfindig zu machen, insbesondere im B2B-Bereich bedarf es hier eines langfristigen und kontinuierlichen Aufbaus eines Netzwerkes zu solchen Multiplikatoren (Abb. 9.2).

Ein entscheidender Faktor kann auch der Aufbau von Kooperationen sein mit dem Ziel beispielsweise neue Produkte und Dienstleistungen in das Portfolio mit aufzunehmen. Z. B. könnte es hier ein Ansatz sein, dass mittelständische Unternehmen mit Start-ups zusammenarbeiten.

Für beide Parteien ergeben sich Synergien. Mittelständische Unternehmen können interessante Start-up-Ideen in ihren Unternehmen z. B. ins Leistungsportfolio integrieren und sich so von einer anderen Seite den Kunden zeigen. Start-ups können bei solchen Kooperationen die bestehenden Kundenbeziehungen des mittelständischen Unternehmens nutzen und haben somit frühzeitig die Chance an Kunden heranzutreten, die sie aufgrund der bestehenden Beziehungen anders empfangen werden. Eine gute Möglichkeit, um Early Adopter kennenzulernen.

Neben solchen Beziehungen können natürlich auch Kooperationen zu Forschungseinrichtungen, Multiplikatoren sowie Netzwerken interessant sein.

9.2   Richtig Matchen: Das Entwicklungssyndrom

Grundsätzlich kann der richtige Zeitpunkt für ein Businessmodell die entscheidende Rolle spielen. Hierbei kann eine mögliche rechtliche Regelung oder ein aktueller Trend eine Idee beflügeln oder auch hemmen. Die Produzenten von Strohhalmen mussten schnell reagieren, als das Verbot von Einmalprodukten kam. Das Aufkommen von Corona schädigte das Geschäft für Freizeitaktivitäten. Im Umkehrschluss können sich aber auch Gelegenheiten geben, z. B. die Bestellung von Lebensmitteln in Corona-Zeiten.

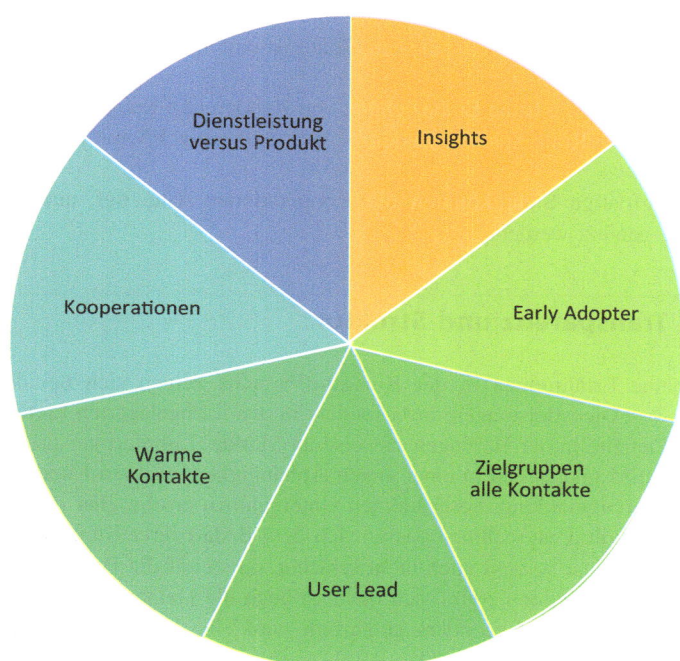

Abb. 9.2   Umsetzung. (Eigene Darstellung)

Der richtige Zeitpunkt kann aber auch davon abhängen, dass ich das Businessmodell zum richtigen Zeitpunkt teste. Entstehen neue Ideen, so kann nach einer ersten Skizzierung und Bewertung überlegt werden, u. a. welcher Umsetzungsschritte es bedarf. Hierbei könnten insbesondere technische Produkte dazu führen, dass wir eine längere Zeit brauchen, um ein vorzeigbares Produkt zu entwickeln, welches auch am Markt angeboten werden kann. Dazu könnten auch Patentüberlegungen kommen, die wiederum zeitlichen Vorlauf brauchen.

Im Rahmen dieser Entwicklungsphasen ist es schwierig einzuschätzen, wie hoch die Bereitschaft des Marktes ist, das Produkt zu erwerben und wie hoch der Preis sein darf. Was sind Kunden also bereit zu bezahlen?

Die Gefahr besteht, dass bei langen Entwicklungsphasen das Dilemma bzw. das Entwicklungssyndrom entstehen kann, dass Produkte langfristig entwickelt werden, z. B. im Rahmen von geförderten FuE-Projekten, dann jedoch festgestellt wird, dass der Markt das Produkt nicht annimmt oder nicht bereit ist entsprechende Preise zu bezahlen. Aus diesem Grund ist eine frühzeitige Interaktion mit dem Kunden erforderlich. Hierbei könnte die frühe Einbeziehung von Kunden und Kooperationspartnern eine wesentliche Rolle spielen. Zudem sollten frühzeitig Pilotprojekte gestartet werden. Auf langfristige Sicht könnten die Kooperationen dann ggf. auch für die Skalierung genutzt werden.

9.3   Transparenz und Struktur

Durch meine Erfahrungen in der Kunststoffbranche zeigen sich bei der Vermarktung von Dienstleistungen, insbesondere in den nachgelagerten Lieferketten, deutliche Defizite in der Herangehensweise an Märkte. Lohnfertiger produzieren für große OEM und stehen in einer engen Abhängigkeit zu ihren Kunden.

Die Weiterentwicklung dieser kleinen Unternehmen erfolgt eher durch Reaktion, das heißt die Unternehmen passen sich dem Bedarf ihrer Kunden an. Diese Grundanpassung ist so weit auch nicht schlecht, da so auf die Bedarfe der Kunden reagiert wird, jedoch ergibt sich dadurch auch die Gefahr der Abhängigkeit von wenigen Kunden. Besonders gefährlich wird eine solche Situation, wenn das Unternehmen im internationalen Wettbewerb vergleichbar ist und somit auch ersetzbar.

Um sich als kleines Unternehmen in nachgelagerten Lieferketten zu wappnen, bedarf es einer strukturierten Vorgehensweise. Grundsätzlich muss sich das Unternehmen im Klaren sein, welche Stärken es hat, welche Infrastruktur, welches Knowhow und welche Mitarbeiter. Auf der Grundlage der bestehenden Strukturen sollte überlegt werden, welche Märkte anzusprechen sind.

Hierbei kann insbesondere auch die Beschreibung der Zielgruppe und eine gewünschte Kundengruppe definiert werden. Wenn die Märkte, z. B. eine Branche und hier bestimmte Sparten, sowie die Kundengruppe definiert sind, bedarf es einer klaren Fokussierung, welche Kundendaten benötigt werden. Ziel muss es sein, eine Datenbank aufzusetzen, die alle Wunschkunden listet. Zudem bedarf es der Recherche und einer Vielzahl von Informationen, um die Kunden zu verstehen. Darüber hinaus sollten sich Unternehmen damit auseinandersetzen, wo sie die gewünschten Kunden antreffen. Welche Netzwerke nutzen die Kunden, auf welche Messen gehen sie, welche Multiplikatoren können, angesprochen werden, um über die Kontakte eine Tür zu öffnen (Abb. 9.3).

Abb. 9.3 Vorgehen
Kundenansprache. (Eigene
Darstellung)

Die strukturierte Vorgehensweise sollte durch Marketing- und Vertriebsaktivitäten flankiert werden. Diese müssen stetig überprüft und iterativ angepasst werden. Wichtig ist insbesondere in der Darstellung der Unternehmen, dass die Besonderheiten hervorgehoben werden und der Kundennutzen erkenntlich wird.

9.4   Langfristiger Erfolg: Das 6-Erfolgsfaktoren-Modell

Bestehende Unternehmen aber auch neue Marktteilnehmer müssen sich die Frage stellen, wie ein Unternehmen aufgebaut werden kann, welches langfristigen Erfolg haben soll. Insbesondere wenn es darum geht neue Businessmodelle zu etablieren.

Ein besonderer Erfolgsfaktor kann die bestehende Kundenbeziehung sein. Ist mein Unternehmen in einem Industriebereich aktiv, z. B. im B2B-Umfeld, und geht es hierbei um langjährige Kundenbeziehungen? So kann durch die exklusive Betreuung, Firmenevents, besondere Services eine Atmosphäre geschaffen werden, die ein Wettbewerber nicht so einfach kopieren kann. Insbesondere in solchen Bereichen sind eine intensive Kundenbeziehung und die Pflege eminent wichtig.

Neben der langfristigen Kundenbeziehung kann ein weiterer Faktor sein, wenn unsere Leistungen und Produkte eine Community entwickeln, die auch einen regelmäßigen Austausch über Netzwerke wünscht. Hierzu muss es eine gewisse Begeisterungsfähigkeit der Kunden geben. Eine solche Community kann man in den klassischen B2C-Märkten und auch im Industriebereich hervorrufen, z. B. durch technische Ausstellungen und weitere Hintergrundinformationen, die beispielsweise Maschinenbauer interessieren.

Ein weiterer Faktor ist das bestehende Wissen im Unternehmen. Einerseits geht es hier um das Knowhow der langjährigen Mitarbeiter und das jeweilige individuelle Potenzial. Andererseits sollte es auch darum gehen, in Form von Wissensdatenbanken bestehendes Wissen zu strukturieren und langfristig im Unternehmen zu halten. Die Förderung des Wissensmanagements und der Personalentwicklung sowie die Unternehmenskultur zu den Mitarbeitern sollte hier eine entscheidende Rolle spielen (Abb. 9.4).

Ein weiterer Faktor können bestehende Kooperationen zu Netzwerken, großen OEMs, staatlichen Einrichtungen usw. sein., deren Verbindungen auf langfristigen Beziehungen fußen und die durch Wettbewerber nicht vergleichbar kopiert werden können.

Der Aufbau einer Marke, die ein konkretes Leistungsversprechen darstellt und eine gewisse Bekanntheit hat, lässt sich in der Regel schwerer verdrängen. Zu einer Marke gehören neben der Außendarstellung insbesondere auch Unternehmenskultur, das Leistungspaket und die entsprechende Kompetenz sowie klare operative und strategische Zielstellungen dazu.

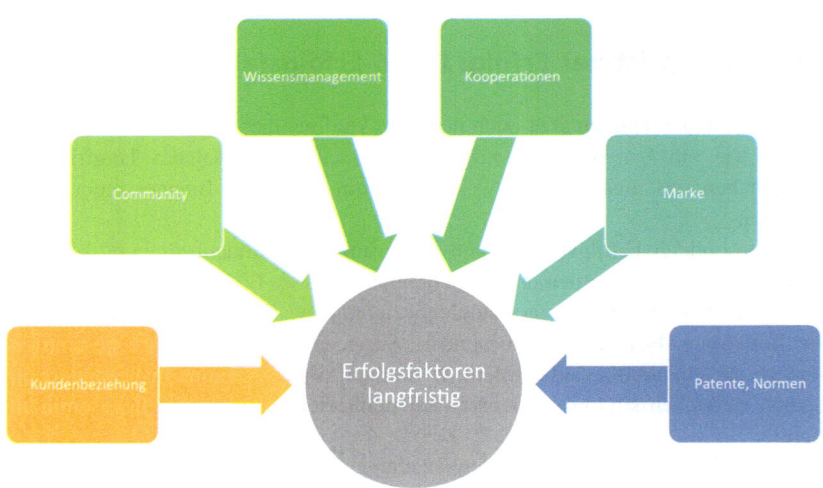

Abb. 9.4 Erfolgsfaktoren langfristig. (Eigene Darstellung)

Zukünftige potenzielle Marktteilnehmer können auch von den bestehenden Normen und Standards abgeschreckt sein, je mehr Regularien es gibt, desto schwieriger kann ein Markteintritt sein. Daneben können Patente für einige Zeit den Wettbewerb davon abhalten in Märkte einzusteigen, wobei Patente meist stark eingegrenzt sind und es andere Marktteilnehmer versuchen werden, entlang der Definition Alternativen zu finden.

Grundsätzlich lässt sich also festhalten, dass das gezielte Aufbauen der oben beschriebenen Faktoren Unternehmen widerstandsfähiger machen kann.

9.5 Netzwerke

Ein entscheidender Faktor für die Umsetzung von Ideen können der gezielte Aufbau und die Beteiligung an Netzwerken sein. Große Beratungsgesellschaften rekrutieren frühzeitig die besten Bewerber, die meist 3–5 Jahre in den Gesellschaften bleiben und dann in anderen Unternehmen anheuern, beispielsweise in der Industrie. Die Kontakte und Netzwerke bleiben erhalten und bei Beratungen greift der ehemalige Kollege ggf. auf die Kompetenz der früheren Kollegen zu.

Auch in Hochschulen ergeben sich die Netzwerke, die für das Leben sein können und ggf. zukünftige Ideenumsetzungen erleichtern können.

Die Einführung von neuen Dienstleistungen und Produkten und auch bestehende Unternehmen profitieren von bestehenden Netzwerken. Schauen Sie, wo Ihre Kunden aktiv sind, im B2B-Bereich z. B. in Instituten, Verbänden, Beiräten, Initiativen sowie weiteren Multiplikatoren. Über die persönlichen Beziehungen entstehen andere Zugänge und somit auch Potenzial für zukünftige Pilotprojekte. Bei den Netzwerken sollten klare Zielstellungen definiert werden und die bestehenden Netzwerke sollten aktiv betrieben werden (Abb. 9.5).

9.6 Schnellstart versus langfristiges Vorgehen, 5 Schritte zum schnellen Businesseinstieg

Wie oben beschrieben können die beschriebenen Praxisansätze gut genutzt werden, um relativ schnell Businessideen zu finden und auch es wurden auch erste Umsetzungsvorgehensweisen gezeigt.

Wenn wir die oben beschriebenen Ansätze nutzen, um ein erstes strukturiertes Vorgehen zu planen, könnten wir in 5 Schritten vorgehen: Businessidee finden, Businessidee-Struktur, Schlankes Produkt/Dienstleistung, Vermarktung, Auswertung (Abb. 9.6).

Abb. 9.5 Netzwerk. (Eigene Darstellung)

Zielgruppe

B2B

Branche

Bester Kunde

Insights

Bestehende Kunden

Neue Produkte & Dienstleistungen

Netzwerke

Verbände

Institute

Beiräte & Gremienarbeit

Initiativen

Regelmäßige Veranstaltungen

Multiplikatoren

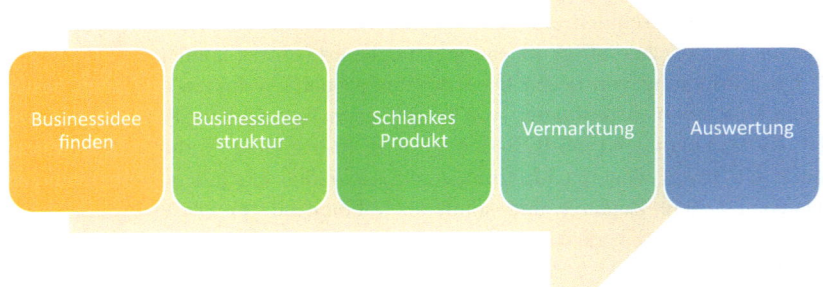

Abb. 9.6 MVP 5 Schritte. (Eigene Darstellung)

Das Finden einer neuen Businessidee über die verschiedensten praxisorientierten Businessmechanismen ist der erste Schritt (siehe oben). Setzen wir bei einem bestehenden Unternehmen an, können wir auf eine bestehende Zielgruppe und ein bestehendes Businessmodell aufbauen und weitere Impulse auch über diesen Weg finden.

Das Nutzen von Insights, die Gespräche und Workshops, also das starke Einbinden des Kunden kann zu neuen Überlegungen führen. Zudem kann das Auseinandersetzen mit dem bestehenden Businessmodell neue Ideen generieren.

Setzt das Unternehmen punktuell hier neue Businessmechanismen und verändert beispielsweise auch die Ansprache an den Kunden, dann kann das schon zu neuen Businessmodellen führen.

Haben Sie sich auf eine neue Idee festgelegt, können Sie diese Idee beispielsweise mittels Business Canvas, Lean Canvas oder dem St. Galler Businessnavigator in den verschiedenen Perspektiven strukturieren.

Auch hier gibt es eine Vielzahl von Möglichkeiten schon bei der Strukturierung der Bausteine eines Businessmodells anzusetzen, beispielsweise bei der Zielgruppe, dem Alleinstellungsmerkmal, bei den Prozessen oder auch in der Preisgestaltung und dadurch können Dinge entscheidend verändert werden.

Im nächsten Stepp „Schlankes Produkt" gilt es zu überlegen, wie kann ich den Zielkunden, insbesondere den Early Adoptern ein erstes Produkt oder eine Dienstleistung präsentieren. Könnte ich eine erste Landingpage nutzen, wie könnte ich besonders wirken mit einer App-Darstellung oder einem Selektor, wie könnte ich das Produkt kompakt darstellen und ggf. schon erste Verkäufe generieren, ggf. sogar schon ohne bestehendes Produkt agieren (siehe oben). Hierbei ist es wichtig, den Kundenwert eindeutig darzustellen.

Im Rahmen der Vermarktung kommt es entscheidend darauf an, zunächst zu prüfen, wer der beste Kunde ist, wen würde ich mir wünschen, was könnte hier der Kundenkreis sein, wie komme in dann an die Kontakte heran? Wo befinden sich die Kunden, welchen Netzwerken gehören sie an? Was könnten potenzielle Partner sein? Wie erreiche ich potenzielle Kunden mit inhaltlichen Beiträgen?

Im Rahmen einer Auswertungsphase geht es dann darum, zu überlegen, ob die neue Idee anzupassen ist und welche Veränderungen vorgenommen werden müssten (Abb. 9.7).

Abb. 9.7 Beispiele App-Darstellung. (Eigene Darstellung)

Handlungsempfehlungen und kurzer Überblick

10

Bestehende Unternehmen können von neuen Entwicklungen überrascht werden. Neue Marktteilnehmer können auf den Markt treten. Ziel eines jeden Unternehmens sollte es sein, sich stetig weiterzuentwickeln.

Für die Weiterentwicklung eminent wichtig ist die stetige Anpassung des Geschäftsmodells sowie die Integration von neuen Businessideen.

Sowohl Unternehmen als auch potenzielle Start-ups finden mit dem Innovationscode einen Leitfaden, um einerseits neue Ideen zu finden und sie auch umzusetzen.

Hierbei können Ihnen die Vorgehensweisen helfen, Schritt für Schritt an neue Ideen zu kommen.

Ein gutes Beispiel für diese Vorgehensweise ist der Ideation Guide, der Ihnen auf Basis von Branchen und Unternehmensstruktur Wege aufzeigt, wie Sie zu neuen Businessideen kommen können. Hierzu können Sie die unterschiedlichen Perspektiven miteinander kombinieren.

Im Endeffekt können Sie ihre Unternehmensteile durchgehen und anhand der Mechanismen prüfen, wo Sie Veränderungen vornehmen können, die es Ihnen wiederum ermöglichen, an Ihren Märkten anders aufzutreten.

Das Vorgehen Asset & Attack hilft ihnen, bestimmte Märkte zu bewerten. Bin ich z. B. ein Start-up und suche nach Ideen oder Märkten, ist es zielführend zu prüfen, welche Wettbewerbsschranken es gibt.

Wenn der Markt von der Struktur gut zugänglich ist, sollte die neue Businessidee darauf ausgerichtet sein. Andererseits können Unternehmen, die schon im Markt sind, checken, welche Potenziale sie haben, um potenzielle Wettbewerber abzuschrecken.

Ein Perspektivwechsel kann sich auch ergeben, wenn Ideen adaptiert werden. Als erste Schritte können hierbei z. B. Megatrends oder Forschungs- und Entwicklungsergebnisse fungieren.

M. B. Krause and W. Mayer, *Der Innovationscode*, https://doi.org/10.1007/978-3-658-41769-7_10

Bei der Betrachtung könnte z. B. ein Unternehmen prüfen, welche Auswirkungen der Megatrend Individualisierung auf seine Produkte oder Dienstleistungen haben könnte. Auch Start-ups könnten wir Unternehmen wichtige Anregungen geben. Neben den Vorgehensweisen Schritt für Schritt helfen auch die Anwendung von Businessmechanismen, um Ideen zu generieren. Wenn man Güter oder auch Dienstleistungen aus dem privaten Bereich in einen kommerziellen Bereich überführt, kann das zu den unterschiedlichsten Businessideen führen.

Darüber hinaus vermitteln Ihnen die Vorgehensweisen zur Umsetzung, wie eine mögliche Vorgehensweise sein könnte, im Anschluss zu einer ersten kreierten Businessidee, nachdem ich eine erste Idee entwickelt habe.

Literatur

Althoff M (2021) The Lean Deal

Bundesministerium für Bildung und Forschung (BMBF) (2014) Bundesbericht Forschung und Innovation 2014

Christensen C (2016) Competing against luck

De Bono E (2005) Die neue Denkschule

De Bono E (2009) Denken bevor es zu spät ist

Gassmann O, Frankenberger K, Csik M (2017) Geschäftsmodelle entwickeln:55 innovative Konzepte mit dem St. Galler Business Model Navigator

Gesamtverband Kunststoffverarbeitende Industrie (GKV) (2019) Branchenüberblick

Industrie und Handelskammer Nordrhein Westfalen (2014) Industrie und Innovationsreport

Institut für Mittelstandsforschung Bonn (2018) Mittelstandsdefinition des ifM

Krause M (2021) K-Management-Book

Krause M (2020) Innovative Technologies for Market Leadership-Technologies and Innovations for the Plastics Industry: Polymer 2030

Kunststoffe (2019) Marktbarometer

Linneweh K (1984) Kreatives Denken

Linneweh K (1999) Bevor es mich zerreisst

Maura A (2013) Running lean. Das how-to für erfolgreiche Innovation, O'Reilly, Cologne

Rodermond M (2021) Erfolgsfaktor Lean Leadership

Schlicksupp H (1977) Kreative Ideenfindung

Tagesspiegel (2019) Vergleichbar mit dem ersten Käfer, VW stellt E-Auto Id3 vor

Uebernickel, Brenner, u. a. (2015) Design Thinking – Das Handbuch

Zukunftsinstitut (2019) Megatrends

The manufacturer's authorised representative in the EU is Springer
Nature Customer Service Centre GmbH, Europaplatz 3, 69115 Heidelberg,
Germany. If you have any concerns regarding our products, please
contact ProductSafety@springernature.com

Printed and bound by CPI Group (UK) Ltd, Croydon, CR0 4YY
24/04/2026
02096359-0003